Rolf Morrien
Judith Engst

WIE LEGE ICH

10 000€

OPTIMAL AN?

FBV

Alle wichtigen Bausteine zum
sicheren und einfachen
Vermögensaufbau

Bibliografische Information der Deutschen Nationalbibliothek

Die Deutsche Nationalbibliothek verzeichnet diese Publikation in der Deutschen Nationalbibliografie. Detaillierte bibliografische Daten sind im Internet über **http://dnb.d-nb.de** abrufbar.

Für Fragen und Anregungen:
info@finanzbuchverlag.de

2. Auflage 2018

© 2017 by FinanzBuch Verlag,
ein Imprint der Münchner Verlagsgruppe GmbH,
Nymphenburger Straße 86
D-80636 München
Tel.: 089 651285-0
Fax: 089 652096

Redaktion: Ulrike Kroneck
Korrektorat: Desirée Šimeg
Umschlaggestaltung: Ryan Sanktjohanser, München
Umschlagabbildung: Shutterstock/Businessvector
Satz: ZeroSoft SRL, Timisoara
Druck: GGP Media GmbH, Pößneck
Printed in Germany

ISBN Print 978-3-95972-041-0
ISBN E-Book (PDF) 978-3-96092-062-5
ISBN E-Book (EPUB, Mobi) 978-3-96092-063-2

Weitere Informationen zum Verlag finden Sie unter

www.finanzbuchverlag.de

Beachten Sie auch unsere weiteren Verlage unter
www.m-vg.de

INHALT

VORWORT

Liebe Leserin, lieber Leser,

die Zinsen sind im Keller und einstmals lohnende und zugleich sichere Geldanlagen wie Bundesschatzbriefe gibt es nicht mehr. Kein Wunder, dass allenthalben die Unsicherheit um sich greift, wie sich denn heute das eigene Geld noch zugleich sicher und rentabel anlegen lässt. Bankberater und Versicherungsvermittler sind hier meist keine große Hilfe: Denn ihre »Beratung« ist häufig von Provisionsinteressen gesteuert und damit alles andere als neutral. Daher lohnt es sich, das Thema Geldanlage zur Chefsache zu erklären und sich selbst darum zu kümmern.

Dieses Buch soll Sie dazu ermutigen, den Schritt an die Börse zu wagen. Denn die Scheu der meisten Deutschen vor Börseninvestments ist nicht berechtigt. Wenn Sie es richtig anstellen, dann können Sie Ihr Risiko minimieren und zugleich eine attraktive Rendite für sich herausschlagen. In diesem Buch erhalten Sie viele praktische und handfeste Tipps dazu, wie Sie das bewerkstelligen. Darüber hinaus erfahren Sie, wie Sie Ihre 10 000 Euro mit Geld vom Arbeitgeber und vom Staat weiter aufstocken können – und das ohne übermäßig an Auflagen und gesetzliche Vorschriften gebunden zu sein. Es wird also Zeit, den Renditemotor für Ihre Geldanlage zu starten – packen Sie's beherzt an!

Wir wünschen Ihnen viel Erfolg bei Ihren Investments!

Judith Engst und Rolf Morrien

SCHRITT FÜR SCHRITT: SO INVESTIEREN SIE 10 000 EURO

Schritt 1: Sie legen zunächst alles Geld auf ein Tagesgeldkonto. Dabei achten Sie – abhängig vom allgemeinen Zinsniveau – auf hohe Zinsen und eine hinreichend gute Einlagensicherung (siehe Kapitel 3).

Schritt 2: Sie überlegen sich, wie viel Geld Sie als Notreserve für unvorhergesehene Ausgaben (Reparaturen, Strom-, Gas- oder Nebenkostennachzahlungen etc.) brauchen. Dieses Geld belassen Sie auf dem Tagesgeldkonto. Den Rest investieren Sie entweder nach und nach oder auf einen Schlag in börsennotierte Wertpapiere, also Investmentfonds und Aktien (siehe Kapitel 4 bis 8).

Schritt 3: Sie machen sich Gedanken zu Ihrem Anlagehorizont, also der voraussichtlichen Dauer Ihrer Geldanlage. Wie lange können Sie die Differenz zwischen Notreserve und dem Zielbetrag von 10 000 Euro unangetastet für sich arbeiten lassen? Sind das maximal fünf Jahre, investieren Sie am besten alles Geld (außer der Notreserve) oder den größten Teil davon in einen aktiv gemanagten Mischfonds (siehe Kapitel 6). Sind es dagegen mehr als fünf und idealerweise sogar mehr als zehn Jahre, dann kaufen Sie am besten eine Kombination aus Mischfonds und Aktien, Aktienfonds bzw. Aktien-ETFs (siehe Kapitel 6 bis 8). Die genaue Aufteilung des Geldes richtet sich nach Ihrer Risikoneigung. Wie Sie diese Aufteilung konservativ, ausgewogen oder renditeorientiert gestalten, zeigen wir Ihnen in Kapitel 2.

Schritt 4: Für den Anteil, den Sie in Aktien, Aktienfonds oder Aktien-ETFs investieren möchten, stufen Sie Ihre Börsenerfahrung ein. Haben Sie keinerlei Erfahrungen mit Börseninvestments, dann sind ETFs Ihre erste Wahl (siehe Kapitel 7). Wenn Sie dagegen schon etwas Erfahrung und Wissen mitbringen, dann kommen auch Einzelaktien für Sie infrage. Eine Auswahl solider, werthaltiger Aktien mitsamt Auswahlkriterien finden Sie in Kapitel 8.

Schritt 5: Überlegen Sie, ob Sie die betreffende Summe lieber einmalig investieren möchten oder stattdessen nach und nach mit einem Sparplan, den es nicht nur für Fonds und ETFs gibt, sondern auch für Aktien. Ein Einmalinvestment sollten Sie allenfalls dann wagen, wenn Sie sich an der Börse auskennen und sich zutrauen, einen guten Einstiegszeitpunkt zu finden. Ansonsten richten Sie einen Fonds-, ETF- oder Aktien-Sparplan ein, bei dem Sie monatlich immer gleichbleibende Raten investieren (siehe Kapitel 9). In rund drei Jahren sollte dann Ihr ganzes Geld abzüglich der Notreserve in diese Wertpapiere investiert sein.

Schritt 6: Überprüfen Sie, ob sich Ihr Anlagebetrag von 10 000 Euro nicht noch aus Quellen aufstocken lässt, die Sie nicht selbst finanzieren müssen. Eine unkomplizierte und weithin verfügbare Möglichkeit sind vermögenswirksame Leistungen (VL) vom Arbeitgeber, die bis zu 480 Euro pro Jahr zusätzlich bringen können. Dazu kommt häufig noch die Arbeitnehmersparzulage mit bis zu 80 Euro pro Jahr. VL und Arbeitnehmersparzulage erhöhen Ihren Sparbetrag im Idealfall um über 5 Prozent pro Jahr, deshalb lohnt es sich, diese Möglichkeit auszuschöpfen (siehe Kapitel 10).

Schritt 7: Nutzen Sie alle Sparmöglichkeiten, die es gibt. Ob Steuern oder Transaktionsgebühren – jeder gesparte Euro ist ein Euro mehr auf Ihrer Habenseite. Indem Sie also unsere Spartipps beachten, tun Sie viel dafür, dass sich Ihre 10 000 Euro schnell und nachhaltig vermehren (siehe Kapitel 12).

KAPITEL 1 –
AUSWEGE AUS DEM ZINSTIEF

Unser zeitgleich veröffentlichtes Buch *Wie lege ich 5000 € optimal an* beginnt mit den Worten »Schluss mit den Mickerzinsen«. Auch in diesem, Ihnen vorliegenden Buch geht es um den Anlagenotstand, der durch die Niedrigzinspolitik der Notenbanken entstanden ist. Die gute Nachricht vorab: Es gibt einen Ausweg aus der Renditefalle! Und dieser Ausweg heißt Aktien.

Dabei geht es nicht darum, jeden freien Euro in Aktien zu investieren. Wenn Sie aber 10 000 Euro für Ihre persönliche Geldanlage zurückgelegt haben und nicht nur das Kapital erhalten wollen, sondern einen spürbaren Vermögenszuwachs anstreben, führt aus unserer Sicht kein Weg an Aktien und Aktienfonds vorbei.

Diese Aussage gilt überdies nicht nur in der aktuellen Niedrigzinsphase, auch wenn aktuell der Leidensdruck der Sparer besonders groß ist, sondern in jeder Marktphase. Aktien (also Beteiligungen an börsennotierten Unternehmen) sind der Königsweg, wenn es darum geht, kleine bis mittelgroße Geldbeträge renditestark anzulegen. Wer über ein großes Vermögen verfügt, wie die von uns oft zitierte Börsenlegende Warren Buffett, kann auch ganze Unternehmen kaufen und so substanzstarke Renditebringer erwerben.

Wenn Sie jetzt auf Ihr Startkapital von 10 000 Euro blicken, werden Sie sich wahrscheinlich zwei zentrale Fragen stellen: Mit welcher Rendite (mit welchem prozentualen Gewinn pro Jahr) kann ich rechnen? Und wie sicher ist eine Investition in Aktien?

Welche Rendite sich erzielen lässt

Kommen wir zuerst zur Renditefrage. Der Bonner Ökonom Moritz Schularick hat in einer großen Studie die wichtigsten Kapitalanlagen für 16 Industrienationen über einen Zeitraum von 150 Jahren untersucht. Im Analysezeitraum gab es alle Arten von Krisen, die Sie sich vorstellen können: große und kleine Kriege, Schulden-, Bank- und Immobilienkrisen, die große Weltwirtschaftskrise, Inflations- und Deflationsphasen, den Kalten Krieg, Ölpreiskrisen, Terrorakte, Atomunfälle und auch zahlreiche Naturkatastrophen. Die Kapitalmärkte wurden in diesen 150 Jahren mehrfach bis zum Äußersten auf die Probe gestellt. Daher sind die Durchschnittsrenditen, die nach 150 Jahren erzielt wurden, kein »Schönwetterereignis«, sondern ein realistischer Wert in turbulenten Zeiten.

Das einzig rechte Maß: die Realrendite

Bei der Geldanlage allein nur auf die erzielten Zinsen zu schauen, wäre falsch. Sie müssen diese Verzinsung immer zusammen mit dem laufenden und meist unbemerkten Kaufkraftverlust des investierten Geldes betrachten. Eine Geldanlage ist nur dann rentabel, wenn die erzielte Rendite, also die Verzinsung, die eine Geldanlage einbringt, nach Abzug der aktuellen Inflationsrate positiv bleibt. Genau das hat auch Schularick bei seiner Untersuchung getan.

So sehen die Ergebnisse aus: Die bei den deutschen Sparern so beliebten Zinsanlagen haben in den vergangenen 150 Jahren real, also nach Abzug der Inflation, 1 Prozent Rendite pro Jahr abgeworfen. Vermögenszuwachs ist so faktisch nicht zu erreichen, da auch noch Steuern und Gebühren abgezogen werden müssen. Etwas besser sieht es bei Anleihen aus. Diese Anlageform hat im Beobachtungszeitraum rund 2,5 Prozent Gewinn pro Jahr abgeworfen. Das ist schon besser, reicht aber noch immer nicht aus, um einen spürbaren Vermögenszuwachs zu erzielen.

Wer in den vergangenen 150 Jahren mit Geldanlagen in eine höhere Liga aufsteigen wollte, kam an Immobilien und Aktien nicht vorbei. Aktien brachten real 7 Prozent Rendite pro Jahr, Wohnimmobilien sogar 8 Prozent. Wohnimmobilien sind also mit einem knappen Vorsprung vor Aktien die Renditesieger, doch für viele Sparer sind Immobilien als Geldanlage nicht geeignet. Zum einen erfordert der Kauf sehr viel Kapital – 10 000 Euro reichen bei Weitem nicht –, zum anderen können Immobilien im Regelfall nicht kurzfristig zu vernünftigen Konditionen ge- und wieder verkauft werden. Wer eine Immobilie kauft, legt sich für mehrere Jahre oder Jahrzehnte fest. Außerdem sollten Sie die relativ hohen Transaktionskosten beim Immobilienkauf bedenken.

Diese beiden Schwachstellen haben Aktien nicht. Ganz im Gegenteil: 10 000 Euro reichen definitiv aus, um Aktien und/oder aktive und passive Aktienfonds zu kaufen. Hinzu kommt, dass Sie Aktieninvestments börsentäglich kaufen und verkaufen können. Wir empfehlen zwar bei Aktienanlagen eine Haltedauer von fünf, zehn oder noch mehr Jahren, damit sich die Stärken voll entfalten können, aber wenn Sie in einer Notsituation plötzlich und kurzfristig Geld benötigen, dauert der Verkauf über Ihre Depotbank nicht länger als drei Minuten. Und dabei können Sie auch noch zum aktuellen Marktpreis – also zu fairen Bedingungen – aussteigen.

Erstes Zwischenfazit

Wenn es darum geht, Ihre 10 000 Euro renditestark und liquide anzulegen, sind Aktien ein unverzichtbarer Vermögensbaustein!

Wie es um die Sicherheit einer Aktienanlage bestellt ist

Kommen wir zur zweiten Frage, die Sie sich wahrscheinlich stellen: Sind Aktieninvestments auch sicher genug? Die Antwort kurz und bündig vorab: Kurzfristig kann der Aktienmarkt stark schwanken, langfristig strebt der Aktienmarkt stets nach oben. Es kommt also auch auf den Anlagehorizont an und damit auf die Zeit, in der das Geld für Sie arbeiten kann.

Die Studie von Schularick zeigt ganz eindeutig, dass die genannten 7 Prozent Rendite pro Jahr nicht gleichmäßig erreicht wurden. Ganz im Gegenteil: Zweistellige Kursschwankungen auf Jahressicht sind keine Ausnahme. Falls Sie schlaflose Nächte haben, wenn eine Aktienposition kurzzeitig 30 Prozent im Minus liegt, sollten Sie auf andere Anlageformen setzen. In diesem Fall sind Mischfonds ein guter Kompromiss zwischen Rendite und Sicherheit (Mischfonds stellen wir Ihnen in Kapitel 6 vor).

Wer Geld längerfristig in Aktien investiert, kann dagegen ruhig schlafen. Denn alle Studien zeigen: Langfristig steigen die Aktienkurse. Das gilt selbstverständlich nicht für jede einzelne Aktie, aber für den Aktienmarkt, den Sie zum Beispiel ganz einfach und günstig mit einem passenden Indexfonds abdecken können (wie das im Detail funktioniert, erfahren Sie ebenfalls; lesen Sie dazu Kapitel 5).

Besonders beeindruckend ist beim Thema Sicherheit von Aktien die Aussagekraft des Renditedreiecks, herausgegeben vom Deutschen Aktieninstitut DAI (siehe Abbildung 1.1).

50 JAHRE AKTIEN-RENDITEN

Das Prinzip:
Wer Ende 1995 Aktien kaufte und bis Ende 2010 hielt, erzielte in diesem Zeitraum eine durchschnittliche jährliche Rendite von 7,8 Prozent. Weitere Anlagezeiträume von 15 Jahren finden Sie entlang der weißen Treppe.

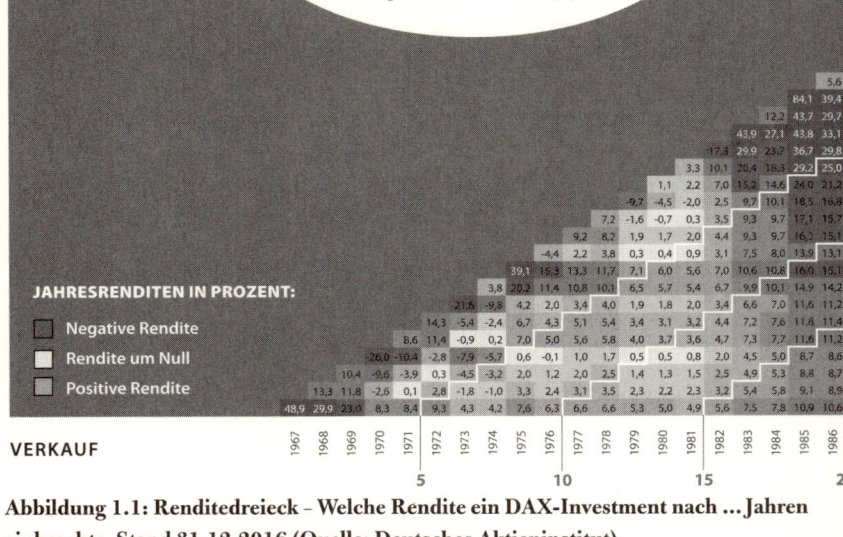

Abbildung 1.1: Renditedreieck – Welche Rendite ein DAX-Investment nach … Jahren einbrachte, Stand 31.12.2016 (Quelle: Deutsches Aktieninstitut)

DAS DAX-RENDITE-DREIECK DES DEUTSCHEN AKTIENINSTITUTS

Das Renditedreieck zeigt Ihnen unter anderem an, wann Sie bei einem Kauf in der Vergangenheit spätestens mit einem DAX-Investment (der DAX ist der wichtigste deutsche Aktienindex) in die Gewinnzone vorgestoßen wären. Das Ergebnis in Kurzform: Es war im Zeitraum der zurückliegenden 50 Jahre höchst unwahrscheinlich, mit einem reinen DAX-Investment, also mit einem Aktienkauf in genau der Zusammensetzung und Gewichtung im DAX, nach fünf Jahren noch im Minus zu sein. Noch geringer war die Wahrscheinlichkeit nach zehn Jahren. Im ungünstigsten Fall überhaupt kam ein DAX-Investment erst nach elf Jahren aus den roten Zahlen heraus. Aber diese Zeiträume beschreiben schon die ungünstigsten Einstiegsphasen, die über 50 Jahre überhaupt theoretisch möglich waren. In der Praxis werden Sie auch nach einem Börsengewitter deutlich früher in der Gewinnzone liegen.

Wie Sie anhand der vorgestellten Studien und Zahlen feststellen konnten: Ein dynamischer Vermögensaufbau ist ohne Aktien nicht möglich. In der zweiten Phase müssen Sie sich die Frage stellen, ob Sie die Anlageentscheidungen eigenständig treffen wollen oder ob Sie Ihre Entscheidungen abgeben wollen.

Zweites Zwischenfazit

Je länger Sie Aktieninvestments halten, desto sicherer sind diese.

Ihre Handlungsoptionen

Hier drei mögliche Handlungsoptionen, die auch in diesem Buch behandelt werden:

1.   Sie wählen Ihre Aktien eigenständig aus.

2. Sie investieren in aktive oder passive Fonds und setzen so verstärkt auf Risikostreuung. Ein Fonds investiert das Anlegergeld in mehrere Dutzend oder sogar mehrere Hundert Aktien.

3. Sie überlassen alle Entscheidungen einer Maschine, einem sogenannten Robo-Advisor. Mithilfe von künstlicher Intelligenz sollen so die menschlichen Schwächen der Geldanlage (Gier und Angst) ausgeschaltet werden. Viele Banken und Finanzdienstleister bieten diese automatische Hilfe bei Anlageentscheidungen inzwischen an. Als Kunde beantworten Sie einige Fragen zu Anlagebetrag, Anlagehorizont und Risikoneigung, und schon sucht Ihnen das internetgestützte System eine Geldanlage aus, die angeblich perfekt zu Ihnen passt.

Während wir Ihnen den ersten und zweiten Weg bedenkenlos empfehlen können, raten wir Ihnen bei Robo-Advisors (noch) zur Vorsicht. Computerprogramme sind zwar in fast allen Lebenslagen eine riesige Hilfe – auch bei der Geldanlage. Aber die aktuelle Neigung der Finanzbranche, mit ihren Robo-Advisors möglichst viele Privatanleger als Kunden einzufangen, stimmt bedenklich. Warum wir Ihnen Robo-Advisors aktuell nicht empfehlen, erfahren Sie ausführlich in Kapitel 11.

Unser Rat lautet: Kombinieren Sie die Optionen 1 und 2. Sie können zum Beispiel das Geld aufteilen und einen Teil eigenständig in Einzelaktien anlegen (wie Sie qualitativ hochwertige Aktien identifizieren können, erfahren Sie in Kapitel 8) und einen Teil in Fonds oder ETFs investieren. Es wird spannend sein zu sehen, welche Strategie nach zehn Jahren das bessere Ergebnis gebracht hat.

Unser Ziel ist es in diesem Buch, dass Sie die wichtigsten Strategien und Instrumente der Geldanlage kennenlernen und ein mündiger Anleger werden. Wir stellen Ihnen die wichtigsten Anlageinstrumente mit ihren Stärken und Schwächen vor. Wir zeigen Ihnen auch, mit wel-

chen Strategien Sie Ihren Börsenerfolg steigern können (Dividenden-
strategie, Value-Strategie). Und ein ganz zentraler Punkt: Sie erfahren,
warum Sie sich dank des Durchschnittskosteneffekts zukünftig sogar
über Kursschwankungen an den Börsen freuen werden! Denn eine
wichtige Erkenntnis lautet: Kursschwankungen, auch Abwärtsbewe-
gungen, sind kein Übel, sondern der Freund des weitsichtigen Anlegers. Also keine Angst vor dem Einstieg in die Welt der Aktien und
Fonds!

Klug investieren: drei Grundprinzipien, ohne die es nicht geht

Die schlechte Nachricht kennen Sie bereits, wenn Sie auf den spärli-
chen Anlageerfolg Ihrer Bankkonten, Kapitallebens- und Rentenver-
sicherungen blicken: Alle gängigen Geldanlagen, die nicht schwanken und eine hohe Sicherheit bieten, bringen derzeit in der Regel
weniger als die Inflationsrate und sorgen damit unter dem Strich für
einen (Kaufkraft-)Verlust. Bleibt also nur die Option, zumindest mit
einem Teil der Summe auf renditestärkere Börseninvestments auszu-
weichen. Diese allerdings unterliegen Schwankungen und können Ihnen Verluste einbringen.

Tatsächlich hören sich die mitunter starken Schwankungen an den
Börsen gerade für sicherheitsorientierte Anleger nicht gerade nach einer wünschenswerten Alternative an. Wer aber weiß, dass die Alternative zur Börse, nämlich das Sparen mit Versicherungen und Bankeinlagen, auf jeden Fall Kaufkraftverluste bringt, die Aktienmärkte
dagegen nicht, der muss zu dem Schluss kommen: Eine rentable
Geldanlage ohne Börseninvestments ist heutzutage so gut wie nicht
mehr möglich.

Die gute Nachricht lautet: Es liegt in Ihrer Hand, die Schwankungen – und damit auch die Verluste – zu reduzieren bzw. sogar Profit

daraus zu schlagen. Dabei spielen vor allem folgende drei Prinzipien eine tragende Rolle: Diversifikation, Einstiegszeitpunkt und Anlagehorizont. Dazu im Folgenden einige Erläuterungen.

Diversifikation: Legen Sie nicht alle Eier in einen Korb!

Sie möchten 10 000 Euro anlegen, sonst hätten Sie dieses Buch nicht gekauft. Unklug wäre es, dieses Geld nur in eine einzige der vielen Anlageformen zu stecken, die es gibt. Auf einem Bankkonto allein bringt es nicht genug Zinsen. Wenn Sie von Ihrem Geld dagegen eine einzige Aktie kaufen, können Sie nie wissen, ob Sie sich dabei einen Gewinner eingehandelt haben oder ein Verlustpapier. Folglich sollten Sie Ihr Geld aufteilen: Was Sie womöglich bald wieder brauchen, das stecken Sie lieber in schwankungsfreie Geldanlagen – ein Tagesgeldkonto ist hier nicht das Schlechteste, auch wenn es Ihnen den eigentlich beabsichtigten Inflationsausgleich nicht bringt. Geld, das Sie dagegen für längere Zeit entbehren können, investieren Sie an der Börse. Ideal ist ein Mix aus einem schwankungsarmen Mischfonds und einer langfristig rentablen Anlage in Aktien(fonds). Genaueres zur richtigen Aufteilung Ihres Geldes auf verschiedene Vermögensklassen (sogenannte Assets) lesen Sie in Kapitel 2.

Einstiegszeitpunkt: Kaufen Sie nicht alles auf einmal!

Die meisten Börsianer setzen auf den richtigen Einstiegszeitpunkt: »Kaufe zu Tiefstkursen und verkaufe zu Höchstkursen, dann sind dir Gewinne stets sicher!« Soweit die häufig zitierte Empfehlung, und es gibt ganze Heerscharen von Börsenanalysten, die die Wahl des richtigen Ein- und Ausstiegszeitpunkts zur wahren Wissenschaft erhoben haben, ohne indessen mit ihrer Prognose stets richtig zu liegen. Vergessen Sie diese Empfehlung! Denn sie lässt sich kaum vernünftig umsetzen. Der optimale Ein- und Ausstiegszeitpunkt lässt sich meist erst im Nachhinein feststellen – und dann ist es selbstredend zu spät. Viel klüger ist es doch, sich wenigstens im Durchschnitt halbwegs günstige Einstiegskurse zu sichern und zudem in Wertpapiere mit laufendem, relativ stabilem Wertzuwachs zu investieren. Das Mittel der Wahl heißt »Sparplan« und stellt sowohl bei Investmentfonds als auch bei Aktien eine ebenso kluge wie einfache Methode dar, das Problem mit dem optimalen Timing überzeugend zu lösen. Mehr dazu erfahren Sie in Kapitel 9.

Anlagehorizont: Kurzfristige Verluste einfach aussitzen!

Vom Börsenguru André Kostolany stammt der folgende Ausspruch: »Kaufen Sie Aktien, nehmen Sie Schlaftabletten und schauen Sie die Papiere nicht mehr an. Nach vielen Jahren werden Sie sehen: Sie sind reich.« Nicht dass Kostolany sich selbst allzu akribisch an seinen eigenen Ratschlag gehalten hätte – er war eher ein Spekulant und hatte es nicht so mit der langfristigen Geldanlage. Gerüchten zufolge lebte er weniger von den Erträgen seiner Börseninvestments als vielmehr von dem, was sein Prominentenstatus als Journalist und Schriftsteller ihm einbrachte. Sein Ausspruch allerdings enthält einen wahren Kern: Börseninvestments sind vor allem dann erfolgreich, wenn Sie als Anleger genügend Zeit und Geduld mitbringen. Denn mögen die Aktienkurse kurzfristig auch noch so sehr schwanken – auf längere Sicht steigen sie. Je länger Sie also Ihre Wertpapiere halten, desto unwahrscheinlicher sind Verluste und desto wahrscheinlicher werden Sie unter dem Strich ein hübsches Plus machen.

Einen Beleg für diese Aussage liefert das bereits vorgestellte Renditedreieck des Deutschen Aktieninstituts. Schon die Fünf-Jahres-Linie zeigt Ihnen: Es war im Zeitraum der zurückliegenden 50 Jahre höchst unwahrscheinlich, mit einem reinen DAX-Investment nach fünf Jahren noch im Minus zu sein. Noch geringer war die Wahrscheinlichkeit nach zehn Jahren. Im ungünstigsten Fall überhaupt kam ein DAX-Investment erst nach elf Jahren aus den roten Zahlen heraus. In der weitaus überwiegenden Anzahl der Fälle aber brachte

ein Investment in das deutsche Aktienbarometer DAX eine positive
Rendite. Diese lag im Durchschnitt

➤   nach 15 Jahren zwischen +2,3 und +15,4 Prozent pro Jahr,

➤   nach 20 Jahren zwischen +6,0 und +15,2 Prozent pro Jahr,

➤   nach 30 Jahren zwischen +6,9 und +10,9 Prozent pro Jahr.

Wohlgemerkt, hier geht es um ein DAX-Investment ohne Einstiegs-
optimierung und ohne Streuung auf andere Wertpapiere als DAX-
Aktien, mit denen sich die Verluste ebenfalls reduzieren lassen. Das
Ergebnis sollte auch die größten Skeptiker überzeugen: Ein Börseninvestment ist nicht verkehrt, vorausgesetzt, Sie nehmen sich genügend Zeit für eine solide und nachhaltige Wertentwicklung. Wie
Sie konkret bei einer Anlagesumme von 10 000 Euro vorgehen, das
entnehmen Sie – zusammen mit dem nötigen Hintergrundwissen –
den kommenden Kapiteln.

KAPITEL 2 –
DIE RICHTIGE AUFTEILUNG DES GELDES – LIQUIDITÄT UND BÖRSENINVESTMENT

Bei einer geplanten Anlagesumme von 10 000 Euro haben Sie nur beschränkte Handlungsoptionen. Vor dem ersten Börseninvestment sollten Sie aber – und das gilt für jeden Anleger, egal ob er 10 000 oder 10 Millionen Euro investieren will – die Ziele der Geldanlage betrachten. Grob vereinfacht gibt es drei Ziele:

1. Rendite

2. Sicherheit

3. Liquidität (im Sinne von Verfügbarkeit)

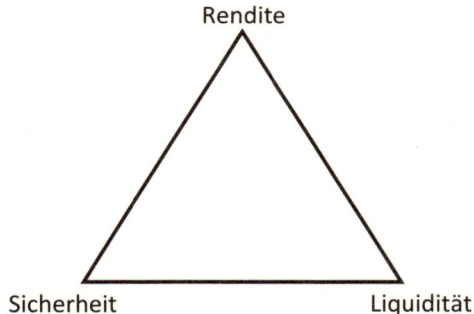

Abbildung 2.1: Das »Magische Dreieck der Vermögensanlage«

Wenn Sie diese drei Ziele etwas genauer betrachten, dann fällt Ihnen auf: Es ist praktisch unmöglich, mit einer einzigen Geldanlage alle drei Ziele gleichzeitig zu erreichen. Man spricht daher vom »Magischen Dreieck der Vermögensanlage«. Magisch, weil ein Anleger mit einer Geldanlage immer nur zwei Ziele gleichzeitig erreichen kann, nie aber alle drei. Machen wir den Praxistest:

Anlageform Aktien

Rendite: Der deutsche Aktienleitindex DAX hat seit der Gründung im Jahr 1988 eine durchschnittliche Jahresrendite von rund 8 Prozent erreicht. Das Ziel »Rendite« wird mit Aktien also erfüllt. ✓

Liquidität: Aktien sind auch liquide (schnell und einfach in Geld umwandelbar). Sie können Aktien an jedem Handelstag kaufen oder verkaufen. Sie sind an keine Haltefristen gebunden. Das Ziel »Liquidität« wird also ebenfalls erreicht. ✓

Sicherheit: Aktienkurse können kurzfristig sehr stark schwanken. Nach Vorlage schlechter Quartalszahlen sind Kursabschläge von 10 bis 30 Prozent an einem einzigen Handelstag möglich. Erfolgt dagegen überraschend ein Übernahmeangebot, kann der Aktienkurs auch innerhalb von Sekunden um 30 Prozent in die Höhe schießen. Das Ziel »Sicherheit« erreichen Sie mit einer Aktienanlage folglich nicht (zumindest wenn Sie nur kurzfristige Zeiträume betrachten). ✗

Anlageform Tagesgeld

Sicherheit: Diese Bankeinlagen sind sogar im Fall einer Bankenpleite EU-weit bis mindestens 100 000 Euro geschützt. Das Ziel »Sicherheit« wird mit einem Tagesgeldkonto also erfüllt. ✓

Liquidität: Sie können täglich über Ihr Geld auf dem Konto verfügen. Das Ziel »Liquidität« wird also ebenfalls erreicht. ✓

Rendite: In der Niedrigzinsphase geht die Rendite Richtung 0 Prozent. Unter Berücksichtigung der Inflation droht bei dieser Anlageform sogar ein Kaufkraftverlust. Das Ziel »Rendite« erreichen Sie mit Geld auf dem Tagesgeldkonto folglich nicht. ⊗

Anlageform Sparverträge, Sparbriefe und Banksparpläne

Rendite: Wenn Sie mit Ihrer Bank einen langjährigen Sparvertrag abschließen, können Sie mit einem deutlichen Zinsaufschlag rechnen. Das Ziel »Rendite« wird mit einem mehrjährigen Sparvertrag erfüllt. ✓

Sicherheit: Diese Bankeinlagen sind sogar im Fall einer Bankenpleite EU-weit bis zu 100 000 Euro geschützt. Das Ziel »Sicherheit« wird mit einem Sparvertrag also erfüllt. ✓

Liquidität: Ihr im Sparvertrag angelegtes Geld ist für mehrere Jahre fest gebunden. Das Ziel »Liquidität« erreichen Sie mit dieser Sparform nicht. ⊗

So können Sie die Probleme des »Magischen Dreiecks« umgehen

Machen Sie aus der Not eine Tugend: Bei einer Anlagesumme von 10 000 Euro lassen sich die drei Einzelziele Rendite, Sicherheit und Liquidität gut miteinander verbinden. Der optimale Geldanlagemix besteht aus drei Bausteinen:

1. **Tagesgeld als Liquiditätsreserve:** Alles, was Sie als Notfallreserve brauchen oder was Sie erst später zum Wertpapierkauf via Sparplan benötigen, packen Sie auf ein Tagesgeldkonto.

2. **Mischfonds als Basisinvestment:** Hinreichende Sicherheit sowie Liquidität und eine doch vergleichsweise attraktive Rendite bietet ein Mischfonds. Dieses Investment legen Sie idealerweise als Fondssparplan an.

3. **Einzelaktien oder Aktienfonds bzw. Aktien-ETFs als Renditebringer:** Der dritte Baustein besteht ausschließlich aus Aktien. Diese können Sie entweder als Einzelaktien kaufen oder in Form eines Fonds. Bei Fonds bieten sich in den meisten Fällen günstige Indexfonds, sogenannte ETFs, an.

Dabei entscheiden Sie entsprechend Ihrer Risikoneigung und Ihrem Anlagehorizont, wie Sie das Geld aufteilen.

Folgende Optionen haben Sie:

➤ **Konservativ:** Sie investieren 7000 Euro in einen Mischfonds-Sparplan und Tagesgeld sowie 3000 Euro in einen Aktienfonds- oder Aktien-ETF-Sparplan.

➤ **Ausgewogen:** Sie investieren 5000 Euro in einen Mischfonds-Sparplan und Tagesgeld sowie 5000 Euro in Sparpläne auf Einzelaktien, Aktienfonds oder Aktien-ETFs.

➤ **Renditeorientiert:** Sie investieren 3000 Euro in einen Mischfonds-Sparplan und Tagesgeld sowie 7000 Euro in Sparpläne auf Einzelaktien, Aktienfonds oder Aktien-ETFs.

Was Sie über die einzelnen Anlagekategorien und über Sparpläne wissen müssen und worauf es bei der Auswahl zu achten gilt, das erfahren Sie in den folgenden Kapiteln.

Kapitel 3 –
Tagesgeld – nötig, um liquide zu bleiben

Die gesamten 10 000 Euro auf einmal an der Börse zu investieren, wäre unklug, das wissen Sie jetzt. Denn zum einen brauchen Sie einen Teil des Geldes als Notreserve für unvorhergesehene Ausgaben, etwa für Strom-, Gas- oder Nebenkostennachzahlungen, teure Autoreparaturen oder den Ersatz defekter Haushaltsgeräte. Für solche Ausgaben erst Aktien oder Fondsanteile verkaufen zu müssen, und das womöglich ausgerechnet während einer Börsenflaute, wäre ärgerlich. Sinnvollerweise parken Sie Ihre Notfallreserve auf einem Tagesgeldkonto, wo es statt 0,0 Prozent wie auf dem Girokonto doch wenigstens 0,5 Prozent Guthabenzinsen bringen kann. Genauer gesagt parken Sie zunächst sogar Ihr ganzes Geld dort. Denn weil Sie idealerweise Ihre Börseninvestments (Mischfonds, Aktien, Aktienfonds, Aktien-ETFs) erst nach und nach mit einem Sparplan kaufen, müssen Sie auch das dafür benötigte Geld zunächst irgendwo zwischenparken.

Warum Tagesgeld und kein Festgeldkonto?

Warum sollte es ein Tagesgeldkonto sein und nicht etwa ein Festgeldkonto? Ganz einfach: Weil Sie auf dem Tagesgeldkonto jederzeit auf Ihr Geld zugreifen können und die Zinsen im Vergleich zum Festgeld ohnehin kaum niedriger sind. Sie bekommen für Festgeld zumindest mit Laufzeiten von sechs oder zwölf Monaten zwar etwas mehr als fürs Tagesgeld. Dieses Mehr erkaufen Sie sich aber mit einem entscheidenden Nachteil: Ihr Geld ist auf eine bestimmte Zeit festgelegt.

Der Anlagezeitraum steht bei Festgeld von Anfang an fest, er liegt meistens zwischen drei Monaten und drei Jahren. Dafür gibt es dann vielleicht bestenfalls 1,5 statt 0,5 Prozent Zinsen pro Jahr. Aber Sie kommen vor Ende der vereinbarten Anlagedauer nicht an Ihr Geld heran. Festgeld taugt also nicht als Liquiditätsreserve – schlichtweg deshalb, weil Sie damit nicht liquide sind: Ihr Geld ist eingemauert und Sie haben bis zum Fälligkeitszeitpunkt keinen Zugriff darauf. Ein zweiter Nachteil kommt hinzu: Erhöht die Europäische Zentralbank die Leitzinsen wieder, dann erhöhen sich die Festgeldzinsen nicht, die Tagesgeldzinsen dagegen schon.

Sie starten also besser mit einem Tagesgeldkonto, auf dem Sie erst einmal alles Geld parken. Das Gros schichten Sie nach und nach via Sparplan in geeignete Aktien und Investmentfonds um. Und Ihre Notreserve füllen Sie nach und nach mit den Ausschüttungen wieder auf, die Sie durch Ihre Fonds- und Aktienanlage laufend erhalten.

Bankenauswahl: Trauen Sie nicht jeder x-beliebigen Bank

Im Prinzip gilt bei Tagesgeld: Je höher die Zinsen, desto besser. Aktuelle und gute Zinsvergleiche werden häufig in der Tagespresse veröffentlicht. Sie können sich aber auch im Internet darüber informieren, zum Beispiel auf Seiten wie

➤   www.fmh.de => Zinsvergleiche => Tagesgeld

➤   www.biallo.de => Alle Vergleiche => Sparen => Tagesgeld

Allerdings sollten Sie trotzdem Ihr Geld nicht bei jeder x-beliebigen Bank parken, die Ihnen vielleicht die höchste Verzinsung verspricht, sondern Ihr Kreditinstitut sorgfältig auswählen. Das entscheidende Kriterium ist die Einlagensicherung.

Einlagensicherung: Das müssen Sie wissen

Wenn eine Bank pleitegeht, ist das Geld ihrer Kunden zunächst einmal weg. Es wird dazu benutzt, die Gläubiger der Bank zu befriedigen. Damit dies den Bankkunden keine empfindlichen Einbußen beschert, gibt es die sogenannte Einlagensicherung, ein gesetzlich vorgeschriebenes Sicherungssystem für die Guthaben der Kunden. Als »Einlagen« werden alle Gelder bezeichnet, die auf Konten und in Sparverträgen der jeweiligen Kunden liegen. Auch Sparbriefe, die auf den Namen des jeweiligen Bankkunden laufen, sowie Fremdwährungskonten, etwa in US-Dollar oder Schweizer Franken, sind geschützt. EU-weit vorgeschrieben ist eine Einlagensicherung von 100 000 Euro pro Bankkunde. Für die Sicherung bei einer Bankeninsolvenz steht aber nicht der Staat gerade, sondern die Banken des jeweiligen EU-Landes. Aktuell wird über eine EU-weite Einlagensicherung diskutiert, dass also die Banken in allen EU-Ländern dafür einstehen, wenn eine pleitegeht, auch beispielsweise die deutschen Banken für ein spanisches oder polnisches Institut. Es gibt aber große Bedenken dagegen – und so existieren derzeit lediglich länderbezogene Einlagensicherungssysteme: Deutsche Banken stehen nur für eine Bankenpleite in Deutschland gerade, polnische für eine Bankenpleite in Polen und so weiter.

In Deutschland gibt es sogar mehrere Sicherungssysteme parallel zueinander. Das System der Genossenschaftsbanken und Sparkassen zielt jeweils darauf, eine Bank in finanzieller Schieflage gar nicht erst in die Insolvenz rutschen zu lassen. Dafür müssen dann die anderen Banken des jeweiligen Verbunds mit Finanzspritzen sorgen, dazu sind sie per Satzung verpflichtet. Bei Volksbanken, Raiffeisenbanken und Sparkassen sind die Einlagen der Kunden damit in unbegrenzter Höhe geschützt.

Anders dagegen ist die Einlagensicherung bei den Privatbanken geregelt, also beispielsweise bei der Deutschen Bank, Commerzbank, Postbank oder Volkswagenbank. Hier können einzelne Institute durchaus pleitegehen, ohne dass die anderen Banken sie davor bewahren müssen. Die Einlagen der Kunden sind trotzdem geschützt. Dazu gibt es zwei Stufen:

➤ Die erste Stufe umfasst die gesetzlich vorgeschriebene Einlagensicherung in Höhe von 100 000 Euro pro Kunde. Gewährleistet wird sie durch die Entschädigungseinrichtung deutscher Banken (EdB). Bei Insolvenz einer Privatbank zahlt die EdB allen Kunden ihre Guthaben mitsamt der aufgelaufenen Zinsen aus.

➤ Die zweite Stufe geht darüber hinaus und ist freiwillig: Viele Privatbanken bieten mehr als die gesetzlich vorgeschriebene Einlagensicherung. Sie sichern auch Kundengelder oberhalb von 100. 000 Euro pro Kunde ab, mindestens in Millionenhöhe. Dafür verantwortlich zeichnet der Einlagensicherungsfonds des Bundesverbands deutscher Banken.

Das Problem ist nur: Nicht überall gibt es eine so gut organisierte und finanziell potente Einlagensicherung wie in Deutschland. Vorsicht ist also vor allem bei diversen Auslandsbanken geboten.

Welche Banken nicht infrage kommen

Nicht infrage kommen Banken außerhalb der Europäischen Union. Als Sparer müssen Sie immer damit rechnen, dass eine Bank in Schieflage gerät, dass Sie Ihr Tagesgeld bei einer Insolvenz nicht zurückbekommen oder dass die Rückforderung zumindest mit Schwierigkeiten verbunden ist.

Auch bei Banken innerhalb der Europäischen Union ist nicht alles Gold, was glänzt. Zwar gilt einheitlich die gesetzlich vorgeschriebene

Einlagensicherung von mindestens 100 000 Euro pro Bank und Bankkunde. Das deckt Ihre geplante Anlagesumme von 10 000 Euro problemlos ab. Aber bei EU-Auslandsbanken ist prinzipiell Vorsicht geboten, sofern sie das Geld ihrer Kunden nicht praktischerweise von vornherein nach dem deutschen Einlagensicherungssystem absichern. Denn so schön die EU-weit vorgeschriebene Mindesteinlagensicherung von 100 000 Euro pro Bankkunde sich auf dem Papier ausnimmt, so unsicher ist, wie gut sie im Ernstfall tatsächlich funktioniert. In einigen Ländern bestehen erhebliche Zweifel an der Leistungsfähigkeit der örtlichen Einlagensicherungsfonds, so zum Beispiel in Griechenland, Bulgarien, Rumänien, Italien, Portugal, Malta, Kroatien, Tschechien, Polen oder Lettland. Hier gibt es keine Garantie dafür, dass die dortigen Bankinstitute schon die nötigen Reserven aufgebaut haben, die eine wirkliche Sicherheit der Bankkunden auch bei einer Bankenpleite im jeweiligen Land gewährleisten würden. Warum Sie das interessieren sollte? Weil einige dieser Banken über diverse Vermittlungsplattformen im Internet gerade massiv auf den deutschen Markt drängen.

Die schönen Versprechen von Weltsparen, Savedo und Zinspilot

Vor allem drei Anbieter fallen im Internet durch vermeintlich attraktive Tagesgeldangebote in allen möglichen EU-Ländern auf: Es sind die Portale Weltsparen (www.weltsparen.de), Savedo (www.savedo.de) und Zinspilot (www.zinspilot.de). Es handelt sich dabei nicht um Banken, sondern um Vermittlungsplattformen, auf denen die Angebote verschiedenster Banken gebündelt sind. Ob Alpha Bank (Rumänien), Banca Progetto (Italien), Sberbank (Russland bzw. Österreich) oder Postova Banca (Slowakei) – die Banken sind mehrheitlich im Ausland ansässig und haben auch meist keine Filialen in Deutschland. Obwohl sie die angebotenen Konten in Euro führen und gesetzlich aufgrund ihres Sitzes in einem EU-Land die europäische Einlagensicherung erfüllen müssen – lassen Sie besser die Finger davon.

Überlassen Sie das Thema Einlagensicherung nicht dem Zufall, sondern fragen Sie lieber nach. Die Banken sind verpflichtet, ihren Kunden Auskunft darüber zu geben, welcher Einlagensicherung sie angehören. Von einer hinreichenden Sicherheit Ihrer Einlagen können Sie ausgehen, wenn Ihr favorisiertes Kreditinstitut der deutschen, der französischen oder der niederländischen Einlagensicherung angehört. Wenn nicht gerade eine Systemkrise den gesamten Bankensektor ins Wanken bringt, dann dürfte Ihr Geld bei Banken aus diesen Ländern sicher sein. Ansonsten lassen Sie lieber Vorsicht walten! Übrigens können Sie über folgende Internetseite bei den verschiedensten Privatbanken problemlos herausfinden, ob sie an die deutsche Einlagensicherung angeschlossen sind: http://einlagensicherung.de

Mit der Bankenwahl und der Eröffnung eines Tagesgeldkontos haben Sie den ersten Baustein Ihrer Anlagestrategie schon perfekt umgesetzt. Bei den beiden folgenden Bausteinen geht es nun um Rentabilität und die Erreichung einer Rendite, die deutlich über der Inflationsrate liegt. Und dafür sind Investments an der Börse nötig – über Investmentfonds und Aktien.

KAPITEL 4 –
INVESTMENTFONDS – EIN WICHTIGER BAUSTEIN ZUM VERMÖGENSAUFBAU

Erinnern Sie sich an das Prinzip der Diversifikation (Risikostreuung) aus Kapitel 1? Es geht darum, nicht nur auf ein bestimmtes Investment zu setzen, sondern gleich auf mehrere. Dadurch mindert sich das Risiko. Denn auf diese Weise lassen sich starke Schwankungen einzelner Wertpapiere ausbügeln.

Doch auch wenn das Gebot der Stunde »Diversifikation« lautet, brauchen Sie nicht zig Wertpapiere zu kaufen, um diesem Anspruch gerecht zu werden. Denn es gibt Geldanlagen, bei denen die Risikostreuung quasi schon im Bauplan enthalten ist: die sogenannten offenen Investmentfonds, oft auch einfach kurz Fonds genannt. Da kaufen Anleger einzelne Fondsanteile, und das Geld, das auf diese Weise zusammenkommt, wird in verschiedene Wertpapiere bzw. verschiedene Vermögensklassen investiert. Üblicherweise ist dabei von vornherein klar, wie die Mischung der einzelnen Vermögensklassen, etwa Aktien, Anleihen, Immobilien oder Edelmetalle, aussieht. Als Anleger können Sie jederzeit Fondsanteile kaufen oder auch wieder verkaufen.

Warum offene Fonds und keine geschlossenen?

Vielleicht hat die Bezeichnung »offene Investmentfonds« Sie zunächst stutzig gemacht. Warum »offene« Fonds? Tatsächlich gibt es auch geschlossene. Im Unterschied zu den offenen wird hier nur anfangs eine bestimmte Geldsumme durch den Verkauf von Anteilen eingesammelt. Dieses Geld dient dann einem ganz bestimmten Projekt, beispielsweise der Finanzierung eines Bürogebäudes oder Containerschiffes. Ist genug Geld beisammen, wird der Fonds geschlossen. Er nimmt keine neuen Anteilseigner auf und es werden auch keine Fondsanteile mehr verkauft. Dafür verpflichtet sich jeder Anteilseigner, sein Geld auf eine bestimmte Zeit im Fonds zu belassen, beispielsweise 5, 10 oder gar 20 Jahre. Erst bei Fälligkeit darf er seine Fondsanteile wieder verkaufen. Als potenzieller Käufer tritt – ebenfalls im Unterschied zu den offenen Investmentfonds – ausschließlich die Fondsgesellschaft auf. Von solchen geschlossenen Investmentfonds sprechen wir nicht, wenn wir Sie zur Geldanlage in Fonds ermutigen. Wir meinen die offenen.

Vorsicht: Geschlossene Fonds für Privatanleger nicht geeignet

Einige Finanz- und Bankberater empfehlen Privatkunden geschlossene Fonds mit dem Hinweis, dass ein Handel an einem Zweitmarkt möglich sei, dass es also auch Käufer außerhalb der Fondsgesellschaft gebe, die vor Ende der Laufzeit einspringen könnten. So hat sich zum Beispiel die Börse Hamburg auf geschlossene Fonds spezialisiert und bietet Interessenten eine Handelsplattform unter www.zweitmarkt.de an. Das ist zumindest ein Schritt in die richtige Richtung und daher aus Anlegersicht zu begrüßen. Dennoch raten wir Privatanlegern ohne eigenes Expertenwissen in dieser Materie strikt von geschlossenen Fonds ab. Die zwei wichtigsten Gründe: Der Markt ist zu klein und zu wenig liquide. Es ist zweifelhaft, ob Sie im Notfall wirklich einen Käufer für Ihren geschlossenen Fonds finden. Völlig offen ist auch, welchen Preis Sie für Ihre Fondsanteile erhalten. In den meisten Fällen müssen Sie bei geschlossenen Fonds mit hohen Preisabschlägen rechnen, wenn Sie vorzeitig aussteigen. Offene Investmentfonds können Sie dagegen an die Fondsgesellschaft zurückgeben und erhalten dafür den tagesaktuellen Kurs. Das ist transparent, einfach und fair. Wie offene Investmentfonds funktionieren, erfahren Sie jetzt.

So funktionieren offene Fonds

Offene Investmentfonds nehmen in der Regel unbegrenzt Anteilseigner mit frischem Geld auf. Die Geldsumme, die durch den Anteilsverkauf zusammenkommt, wird nicht von vornherein begrenzt – und sie wird auch nicht nur für ein einziges bestimmtes Bau- oder Finanzierungsprojekt verwendet. Vielmehr wird das Geld der Anleger in verschiedene Vermögensklassen und Wertpapiere investiert. In was genau, das steht in den Statuten des Fonds, also quasi in seinen Anlageregeln, die von Anfang an öffentlich gemacht werden. Sie sehen also im Fondsprospekt, welche Schwerpunkte der jeweilige offene Fonds setzt und (bis) zu welchen Anteilen er genau auf welche Wertpapiere und Vermögenswerte setzt (z. B. auf »Aktien Standardwerte Deutschland« oder »Anleihen Schwellenländer«). Anteile offener Investmentfonds können Sie außerdem jederzeit wieder verkaufen. Es gibt keine Mindesthaltedauer und keinen Fälligkeitszeitpunkt. Ihr Geld ist im Unterschied zu den geschlossenen Fonds nicht für eine bestimmte Laufzeit einbetoniert, sondern im Prinzip jederzeit wieder verfügbar. Als Käufer tritt dabei nicht bloß die Fondsgesellschaft (Kapitalanlagegesellschaft, kurz KAG) auf, sondern Sie können Ihre Fondsanteile auf Wunsch auch einfach über eine Börse an andere Anleger verkaufen, wenn der betreffende Fonds börsennotiert ist (die Zahl der börsennotierten Fonds steigt stetig). Das macht Sie zeitlich frei. Auch wenn natürlich eine längere Haltedauer meist von Vorteil ist, so müssen Sie dieses Prinzip doch nicht einhalten, wenn Sie das nicht wollen.

Aktienfonds, Mischfonds, Rentenfonds & Co.: Für jeden Anleger ist was dabei

Fonds, also offene Investmentfonds, investieren in verschiedene Wertpapiere und Vermögensklassen. In welche sie jeweils investieren, ist ein wichtiges Auswahlkriterium für Sie als Anleger. Zunächst einmal geht es um die Anlageklasse und das Mischungsverhältnis. Demnach sind die wichtigsten Fondskategorien folgende:

> **Aktienfonds** investieren praktisch ausschließlich in Aktien, also Unternehmensanteile. Lediglich eine Reserve an Bargeld kommt in der Regel noch dazu. Dabei gibt es Fonds, die global investieren (»Aktien weltweit«), und andere, die sich auf ein bestimmtes Land oder eine bestimmte Region beschränken (»Aktien Deutschland«, »Aktien Europa«, Aktien Nordamerika«). Außerdem differenzieren Fonds häufig nach der Größe der Unternehmen, von denen sie Aktien kaufen. Ein Aktienfonds »Standardwerte Deutschland« wird vor allem auf Aktien der großen Unternehmen setzen, die im deutschen Leitindex DAX vertreten sind. Ein Aktienfonds »Nebenwerte Deutschland« setzt dagegen auf kleinere Unternehmen aus dem MDAX oder SDAX, also den beiden Indizes mit Unternehmen von geringerem Börsenwert. Oder er kauft sogar Aktien von Unternehmen, deren Börsenwert so gering ist, dass sie in überhaupt keinem Aktienindex vertreten sind. Aktienfonds gibt es auch entsprechend für verschiedene Themen und Branchen. So mag ein Schwellenländer-Aktienfonds beispielsweise vorwiegend in chinesische, brasilianische und indische Aktiengesellschaften investieren. Ein Aktienfonds »Automotive & Parts« setzt auf die Automobilbranche mitsamt ihren Zulieferern. Die Palette ist riesig! Aktienfonds gelten als vergleichsweise schwankungsstark – ein ständiges Auf und Ab ist typisch für die Kursbewegung von Aktien. Diese Schwankungen gleichen sich aber im Laufe der Zeit aus, der Aktienmarkt entwickelt sich langfristig aufwärts und mit ihm das Gros der Aktienfonds.

> **Rentenfonds**, auch Anleihenfonds genannt, investieren zu nahezu 100 Prozent in Anleihen. Das sind Wertpapiere, die von Staaten und Unternehmen herausgegeben werden, die sich dadurch am Kapitalmarkt Geld leihen. Solche Papiere heißen in der Fachsprache auch Renten. Es gibt Rentenfonds, die sich auf ein bestimmtes

Land oder eine Region beschränken, und andere, die beispielsweise ausschließlich auf Staatsanleihen oder ausschließlich auf Unternehmensanleihen setzen. Bestimmte Rentenfonds, die sogenannten High Yield Funds (Hochzins-Fonds), investieren vorwiegend in hochverzinste, aber dafür in höherem Maße von einem Zahlungsausfall bedrohte Anleihen. In der Hoffnung, dass unter dem Strich nur wenige Ausfälle passieren und dass die hohen Zinsen der anderen Anleihen im Fondsportfolio dies mehr als wettmachen.

➤ **Geldmarktfonds** sind eine Sonderform der Rentenfonds. Sie investieren in Anleihen mit sehr kurzer Restlaufzeit. Dadurch schaffen sie es, die aktuell am Markt herrschenden Zinsen quasi perfekt abzubilden. Das sei hier aber nur der Vollständigkeit halber erwähnt. Für Sie als Privatanleger sind Geldmarktfonds gänzlich uninteressant. Denn sie werfen nicht mehr Zinsen ab als ein Tages- oder Festgeldkonto, kosten aber laufend Gebühren. Ein Tagesgeldkonto ist daher meist die bessere Lösung.

➤ **Mischfonds** investieren in mehrere Vermögensklassen – meist in Aktien und Anleihen. Manche erweitern ihr Portfolio (also das Spektrum ihrer Geldanlagen) auch noch, etwa um Immobilien oder Edelmetalle. Bei Mischfonds bestimmt im Wesentlichen der Aktienanteil, wie rentabel, aber auch wie schwankungsstark sie sind. Als »offensiv« oder »aggressiv« werden zumeist Mischfonds mit hoher Aktienquote bezeichnet, die zu 70 Prozent oder mehr in Aktien investieren. »Ausgewogen« (engl. »balanced«) nennt man dagegen Mischfonds, bei denen sich Aktien- und Anleiheanteil ungefähr die Waage halten. Den Beinamen »defensiv« tragen Mischfonds mit einem hohen Anleiheanteil. Zwar unterliegen auch Anleihen während ihrer Laufzeit bestimmten Kursschwankungen, aber diese sind in aller Regel längst nicht so stark wie bei Aktien.

In Fonds zu investieren, empfiehlt sich bei einem Anlagevermögen von 10 000 Euro sehr. Denn so bekommen Sie die dringend gebotene Streuung am besten hin. Sinnvoll ist ein Mix aus aktiv und passiv gemanagten Fonds – worin der Unterschied besteht, dazu gleich mehr im nächsten Abschnitt.

Aktiv und passiv gemanagte Fonds – ein wichtiger Unterschied

Fonds unterscheiden sich nicht allein darin, worin sie investieren, sondern auch darin, wie sie gemanagt werden:

Bei **aktiv gemanagten Fonds** ist ein Fondsmanager mit der Auswahl der Wertpapiere im Fondsvermögen (»Portfolio«) betraut. Er prüft laufend die Zusammensetzung, überlegt sich, welche Wertpapiere und Vermögensgegenstände er wegen guter Wertentwicklungschancen ins Portfolio aufnehmen möchte und welche er zwecks Gewinnmitnahme oder wegen schlechter Aussichten wieder abstoßen sollte. Damit kann ein Fondsmanager auf aktuelle Entwicklungen reagieren, Schwankungen verringern und in Sachen Rendite das Beste für die Anteilseigner des Fonds herausholen (auch wenn das längst nicht jedem gelingt). Völlig klar ist aber: Diese Leistung lässt sich die Fondsgesellschaft gut bezahlen. Pro Jahr zahlen Sie für einen aktiv gemanagten Fonds in der Regel zwischen 1 und 2 Prozent des dort angelegten Geldes. Diese Verwaltungsgebühr wird vom Fondsvermögen abgezweigt. Dadurch mindert sich die Performance, also die Rendite, die der Fonds erreicht. Vorsicht ist deshalb geboten, wenn ein aktiver Fonds allzu sehr mit seiner Wertentwicklung protzt: Denn üblicherweise wird hier der Kursverlauf vor Abzug der Gebühren gezeigt – und nicht danach.

Im Gegensatz dazu haben die **passiv gemanagten Fonds** keinen Fondsmanager. Den brauchen sie auch nicht, denn ihre Zusammensetzung bildet einfach einen Index ab, beispielsweise den DAX, Euro Stoxx 50, Dow Jones oder Nikkei. Hier schaut also niemand auf die Entwicklungschancen der einzelnen Wertpapiere. Und auch die Schwankungen, denen der jeweilige Index und damit auch der Passivfonds unterliegt, werden nicht abgemildert. Dafür sind solche Fonds auf der Kostenseite unschlagbar günstig. Bei den meisten gängigen Passivfonds liegt die jährliche Verwaltungsgebühr bei nur 0,1 bis 0,3 Prozent. Erhältlich sind Passivfonds heute praktisch ausschließlich als sogenannte ETFs (Exchange Traded Funds, also börsengehandelte Fonds). Diese kaufen Sie in der Regel nicht bei der Fondsgesellschaft, sondern direkt an der Börse, wie der Name schon sagt. Bekannte ETF-Anbieter sind beispielsweise:

➤ iShares (dahinter steckt der US-amerikanische Finanzkonzern BlackRock),

➤ db x-trackers (dahinter steckt die Deutsche Bank),

➤ ComStage (dahinter steckt die Commerzbank),

➤ Amundi (dahinter stecken die französischen Großbanken Crédit Agricole und Société Générale),

➤ Lyxor (dahinter steckt die französische Großbank Société Générale).

Durch den Bauplan als Indexfonds ist klar: Passiv gemanagte Fonds, sprich ETFs, gibt es nicht als Mischfonds. Denn ein Index ist immer aus gleichartigen Wertpapieren zusammengesetzt, also nur aus Aktien oder nur aus Anleihen. Deshalb lohnt sich auch die Überlegung, wann Sie besser in einen aktiv gemanagten Fonds investieren und wann ein ETF die sinnvollere Alternative ist. Wir empfehlen Ihnen eine Kombination aus beidem: aktiv gemanagte Mischfonds und dazu noch Aktien-ETFs, falls Sie nicht ausschließlich auf Einzelaktien setzen möchten.

KAPITEL 5 –

INDEXFONDS – DIE WAHRSCHEINLICH BESTE FINANZINNOVATION DER VERGANGENEN 50 JAHRE

Wie Sie im vergangenen Kapitel erfahren konnten, bilden passive Indexfonds, kurz ETFs genannt, einen Aktienindex 1 : 1 ab. Steigt der deutsche Aktienleitindex DAX um 3 Prozent, steigt auch der DAX-ETF um 3 Prozent. Das mag trivial klingen, aber aus unserer Sicht handelt es sich dabei um die wahrscheinlich beste Finanzinnovation der vergangenen 50 Jahre. Für diese positive Bewertung sprechen zwei Gründe:

1. **Auch Nicht-Profis können einfach in den Aktienmarkt einsteigen**

   Bevor es Indexfonds gab, musste der Anleger eine qualitativ fundierte Entscheidung treffen, was ohne Fachwissen kaum zu bewältigen war. Er musste vor dem Aktienkauf das Geschäftsmodell eines börsennotierten Unternehmens analysieren und die Zukunftsaussichten bewerten. Ohne Vorwissen und Erfahrung war das kaum zu meistern. Auch vor dem Kauf eines aktiv geführten Aktienfonds musste eine qualitative Analyse durchgeführt werden. Die Schlüsselfragen lauteten: Welcher Fondsmanager hat in der Vergangenheit besser abgeschnitten als der Markt? Wurde das Renditeplus mit einem überdurchschnittlichen Risiko erkauft? Und: Wird der Fondsmanager den Markt auch weiterhin schlagen? Mit der Einführung von Indexfonds (ETFs) kann quasi jeder Sparer, der über freie Finanzmittel verfügt, relativ einfach, schnell und günstig in den Aktienmarkt investieren. **Schritt 1:** Einen passenden Aktienindex aussuchen (deutsche Anleger können den deutschen Leitindex DAX abbilden, US-Anleger zum Beispiel die heimischen Indizes Dow Jones oder S&P 500). **Schritt 2:** Einen Indexfonds auf diesen Index aussuchen (das geht im Internet ganz einfach über Spezialportale wie www.extra-funds.de => Rubrik ETF-Tools oder www.justetf.com => ETF-Suche). Mit einem Indexfonds erreichen Sie dieselben Renditen wie der jeweilige Index. Langfristig können Sie bei Aktien dank der Kurssteigerungen und Dividenden, die auch alle in den Indexfonds einfließen, mit rund 8 Prozent Gewinn pro Jahr rechnen. Sie sind damit niemals besser als der Markt, aber auch niemals schlechter – und damit schlagen Sie bereits viele Anleger, die ohne Strategie und Plan investieren. Charlie Munger, der kongeniale Geschäftspartner der Investorenlegende Warren Buffett, hat das wie folgt ausgedrückt: »Zu wissen, was man nicht weiß, ist nützlicher, als brillant zu sein.« Wenn Sie also kein Aktienexperte sind, ist es besser, die Finger von Einzelwerten zu lassen und auf den Gesamtmarkt (sprich: auf einen Aktienindex) zu setzen. Seth Klarman, ebenfalls ein berühmter Investor, bringt es auf den Punkt: »Wenn Sie den Markt nicht schlagen können, müssen Sie selbst der Markt sein.« Indexfonds ermöglichen Ihnen das. Noch etwas drastischer formuliert es Warren Buffett: »Durch regelmäßige Investitionen, zum Beispiel in einen Indexfonds, kann ein unwissender Anleger sogar die meisten Anlageprofis schlagen. Wenn ›dummes‹ Geld seine eigenen Grenzen anerkennt, hört es paradoxerweise auf, dumm zu sein.«

2. **Die Kosten sind so günstig, dass quasi jeder investieren kann**
    Vor der Einführung von Indexfonds waren Anleger, die nicht auf einzelne Aktien setzen wollten, gezwungen, in relativ teure aktiv geführte Aktienfonds zu investieren. Die Fondsgesellschaften ließen sich diese »Notsituation« der Anleger fürstlich bezahlen. Beim Kauf eines Aktienfonds musste der Sparer rund 5 Prozent Ausgabeaufschlag zahlen. Das bedeutet: Wenn Sie damals Ihre 10 000 Euro in einen solchen Fonds investiert hätten, wären Ihnen Fondsanteile im Wert von nur 9500 Euro gutgeschrieben worden. 500 Euro hätte die Fondsgesellschaft direkt bei der Investition als

»Eintrittsgeld« kassiert. Danach hätten Sie zusätzlich rund 1,5 bis 2,5 Prozent Managementgebühren pro Jahr an die Fondsgesellschaft bezahlt. Sie können sich leicht ausrechnen: Diese Gebühren waren Renditekiller! Mit der Einführung von Indexfonds wurde die Fondswelt revolutioniert. Die Kosten für die Anleger sind implodiert. Zum einen können Sie sehr günstig in Indexfonds einsteigen. Ein Ausgabeaufschlag wird im Regelfall nicht erhoben und die jährlichen Managementgebühren liegen bei nur 0,08 bis 0,5 Prozent. Je liquider (also gängiger) der Index, desto günstiger die Gebühren. Und genau auf diese großen und bekannten Indizes sollten Sie sich als Privatanleger auch konzentrieren. Der Faktor Kosten spielt bei den Indexfonds dann praktisch keine Rolle mehr. Zum anderen mussten aber auch die aktiv geführten Fonds auf die passive, günstige Konkurrenz reagieren. Viele beliebte Aktienfonds sind jetzt über die Börse handelbar. Ihr Vorteil als Käufer: Beim Kauf über die Börse entfällt der Ausgabeaufschlag. Stattdessen wird nur die Differenz zwischen Ankaufs- und Verkaufspreis fällig und das sind oft nur 0,5 bis maximal 2 Prozent. Im Vergleich zum Ausgabeaufschlag in Höhe von 5 Prozent ist das ein gewaltiger Kostenvorteil! Sie sehen: Die Einführung der Indexfonds hat zu einer deutlichen Kostenentlastung geführt. Die Kosten sind kein Grund mehr, den Aktienmarkt zu meiden.

Das müssen Sie über Indizes wissen

Die Investition in Indexfonds, sprich ETFs, ist denkbar einfach. Aber eine »Hausaufgabe« müssen Sie vorab erledigen. Sie müssen eine Antwort auf die Frage finden, in welchen Aktienindex Sie Ihr Geld investieren möchten? Hier kurz ein Überblick, was ein Aktienindex überhaupt ist.

Im Grunde ist ein Index eine Kennzahl, welche die Kursentwicklung eines bestimmten Marktsegments abbildet. Klingt kompliziert, ist es aber nicht. Beim Deutschen Aktienindex DAX beispielsweise errechnet sich diese Kennzahl vereinfacht gesagt aus den 30 wichtigsten, an der Börse notierten deutschen Unternehmen, also denjenigen, die den höchsten Börsenwert haben. Steigen die Kurse dieser Unternehmen, steigt auch der DAX. Fallen die Kurse, geht auch der DAX auf Talfahrt.

Ein Index zeichnet also die allgemeine Kursentwicklung für einen bestimmten Marktbereich nach und ist damit ein wichtiger Informationslieferant. Als Anleger können Sie mit einem Blick erfassen, was sich an den Börsen in bestimmten Segmenten gerade abspielt und wie die Tendenz ist. Den Stand der wichtigsten Indizes erfahren Sie problemlos aus den Medien. Wer in einen Index investiert hat (etwa durch ETFs), kann sich die aufwendige, regelmäßige Kontrolle einzelner Kurse schenken.

Wie wird der Index berechnet?

Neben den reinen Aktienkursen beeinflussen aber noch einige andere Faktoren den Stand eines Index. So stellt sich z. B. die Frage nach der Gewichtung der einzelnen Mitgliedswerte. Eine Möglichkeit ist, die Summe aller Aktienkurse durch die Anzahl der Unternehmen im Index zu teilen. Statistisch gesehen kommt bei dieser Berechnung ein unsinniges Ergebnis heraus, denn so erhält das Unternehmen mit dem höchsten Aktienkurs automatisch das größte Gewicht. Ein Index, der dennoch auf diese Art berechnet wird, ist der Dow Jones.

Die meisten Indizes gewichten indes die enthaltenden Aktien mithilfe des Börsenwertes ihrer Mitgliedsunternehmen. Dabei wird die sogenannte Marktkapitalisierung errechnet, also die Zahl der Aktien mit deren Kurs multipliziert. Eine Gewichtung nach Börsenwert liegt den meisten Indizes zugrunde, u. a. dem deutschen Leitindex DAX.

Eine weitere Sicherung wird häufig eingebaut: die Kappungsgrenze. Sie soll verhindern, dass ein einzelnes Unternehmen allzu großen

Einfluss auf den Index nimmt. Beim DAX liegt die Kappungsgrenze bei 10 Prozent. Das heißt: Steigt der Börsenwert eines Unternehmens so sehr an, dass es mehr als 10 Prozent des DAX ausmacht, wird es dennoch nur mit maximal 10 Prozent bei der Indexberechnung berücksichtigt. Eine sinnvolle Regelung, die bei modernen und guten Indizes inzwischen zum Standard gehört.

Performance- oder Kursindex? Diesen Unterschied sollten Sie kennen

Ebenso wichtig wie die Gewichtung ist bei der Berechnung und Beurteilung eines Index die Frage, ob es sich um einen reinen Kursindex oder um einen Performanceindex handelt. Was ist was?

➤ Bei einem **Kursindex** fließen die Dividenden, die von den Mitgliedsunternehmen ausgeschüttet werden, nicht in die Berechnung ein. Berücksichtigt werden ausschließlich die Kurse der Aktien. Nach diesem Prinzip arbeiten zahlreiche Indizes, etwa der Dow Jones, der Standard & Poor's 500 und der Euro Stoxx 50.

➤ Bei einem **Performanceindex** dagegen werden die Dividenden in die Berechnung des Punktestands einbezogen. Die Folge ist klar: Im direkten Vergleich steigt ein Performanceindex stärker an als ein reiner Kursindex. Zu den wenigen Indizes, die so rechnen, gehören DAX und MDAX.

Mit Indexfonds (ETFs) können Sie fast jeden Markt abdecken

Indizes gibt es wie Sand am Meer. Neben den ganz bekannten wie DAX, MDAX, Dow Jones, Nikkei, Euro Stoxx 50 etc. können Sie solche zu bestimmten Branchen zurate ziehen, in denen je nachdem nur

Pharma-, Medien-, Banken- oder Technologieunternehmen in die
Berechnung einbezogen werden. Es gibt Indizes für Rohstoffe, für
Rentenpapiere oder bestimmte Regionen. Und natürlich finden Sie
für nahezu jedes Land auf der Erde auch mindestens einen Länder-
index. Mit Indizes können Sie also eine breite Streuung bei Branchen, Regionen oder Ländern erreichen. Eine Auswahl von Indizes,
die für Ihre Geldanlage geeignet sind, stellen wir Ihnen jetzt mitsamt
den passenden ETFs näher vor.

DAX – Deutscher Aktienindex

Der DAX vereinigt die 30 deutschen Aktiengesellschaften mit dem
höchsten Börsenwert. Bei diesem Börsenwert zählen nur Aktien im
Streubesitz, nicht aber solche, die in fester Hand sind. Im DAX sind
Unternehmen wie die Deutsche Bank, Siemens, BASF, Bayer, Daim-
ler, SAP, Allianz und BMW vertreten. Die Zusammensetzung wird regelmäßig angepasst, das heißt, ein schwächeres DAX-Unternehmen
kann in die »zweite Liga«, den MDAX, absteigen und aus dem MDAX
steigt dafür ein starkes Unternehmen in den DAX auf.

Den Stand des DAX berechnet und veröffentlicht die Deutsche Börse in Frankfurt. Der DAX ist ein relativ junger und moderner Index,
er wird erst seit 1988 berechnet. Zum einen werden die Unternehmen nach ihrem Börsenwert gewichtet, zum anderen gibt es auch
noch, wie bereits beschrieben, eine Kappungsgrenze von 10 Prozent.
Zudem ist der DAX, von dem Sie täglich in den Medien hören, einer
der wenigen Performanceindizes, in seine Berechnung fließen also
die Dividenden ein. Es gibt daneben zwar auch einen weiteren DAX,
der als Kursindex berechnet wird, der fristet aber nur ein Schattenda-
sein und wird nicht weiter beachtet. Tabelle 5.1 zeigt einige Beispiele
für Aktien-ETFs auf dem DAX.

Name des ETF	Fondsgesellschaft	WKN ISIN	Gesamt-kostenquote TER (in % p. a.)
iShares Core DAX UCITS ETF	BlackRock	593393 DE0005933931	0,16
db x-trackers DAX UCITS ETF	Deutsche Asset Management (Deutsche-Bank-Tochter)	DBX1DA LU0274211480	0,09
ComStage	ComStage (Commerzbank-Tochter)	ETF001 LU0378438732	0,08
Deka DAX ETF	Deka (Fondsgesellschaft der Sparkassen)	ETFL01 DE000ETFL011	0,15

Tabelle 5.1: Eine Auswahl an DAX-ETFs (Stand August 2017)

Lassen Sie sich übrigens von der Abkürzung »UCITS« nicht irritieren. Sie steht ganz einfach für eine Vertriebszulassung innerhalb der Europäischen Union.

MDAX – Mid-Cap-DAX

Mid Cap ist die Abkürzung für »middle capitalization«, also für eine mittlere Marktkapitalisierung oder anders gesagt: für einen mittelhohen Börsenwert. Im MDAX finden Sie die 50 Unternehmen Deutschlands, deren Börsenwert auf die 30 DAX-Unternehmen folgt. In ihm sind Firmen versammelt wie Hannover Rück, Dürr, Südzucker, Krones, Osram, Fuchs Petrolub, Evonik, Fraport, Zalando und Fielmann. Welche ETFs hier erhältlich sind, entnehmen Sie Tabelle 5.2.

Name des ETF	Fonds-gesell-schaft	WKN ISIN	Gesamtkos-tenquote TER (in % p. a.)
iShares MDAX UCITS ETF	Black-Rock	593392 DE0005933923	0,51
ComStage MDAX UCITS ETF	ComStage	ETF007 LU1033693638	0,30
Deka DAX ETF	Deka	ETFL44 DE000ETFL441	0,30

Tabelle 5.2: Eine Auswahl an MDAX-ETFs (Stand August 2017)

Euro Stoxx 50

Der Euro Stoxx 50 (eigentlich Dow Jones Euro Stoxx 50) ist ein Kurs-index, der 50 Unternehmen aus der Eurozone repräsentiert. Darunter sind zum Beispiel der französische Ölkonzern Total, der deutsche Mischkonzern Siemens und der italienische Energieversorger ENI. Die Eurozone umfasst alle Länder, die den Euro als Währung einge-führt haben. Damit sind etwa England, Norwegen oder die Schweiz draußen, bleiben also in diesem Index unberücksichtigt.

Name des ETF	Fondsgesell-schaft	WKN ISIN	Gesamt-kosten-quote TER (in % p. a.)
db x-trackers Euro Stoxx 50 UCITS ETF	Deutsche Asset Management	DBX1EU LU0274211217	0,09
iShares Euro Stoxx 50 ETF	BlackRock	593395 DE0005933956	0,16
Lyxor Euro Stoxx 50 UCITS ETF	Lyxor	798328 FR0007054358	0,20

Tabelle 5.3: Eine Auswahl an Euro Stoxx 50-ETFs (Stand August 2017)

MSCI World

Die Abkürzung MSCI steht für Morgan Stanley Capital International. Das ist ein amerikanischer Finanzdienstleister, der gleich mehrere verschiedene Indizes liefert. Der MSCI World Index ist ein reiner Kursindex, der nach modernen Verfahren berechnet wird. Wie sein Name schon sagt, versammelt er Aktien aus der ganzen Welt, insgesamt ca. 2000 Unternehmen sind gelistet. Allerdings ist die Bezeichnung »World« mit Vorsicht zu genießen. So sind nur ca. 20 bis 25 Länder im Index repräsentiert. Außerdem sind US-amerikanische Unternehmen mit etwa 60 Prozent deutlich übergewichtet, gefolgt von europäischen mit ca. 30 Prozent und japanischen mit 10 Prozent. Wichtige Schwellenländer, die längst zu den größten Volkswirtschaften der Welt gehören, kommen im MSCI World (noch) nicht vor.

Name des ETF	Fondsgesellschaft	WKN ISIN	Gesamt-kosten-quote TER (in % p. a.)
db x-trackers MSCI World UCITS ETF*	Deutsche Asset Management	DBX1MW LU0274208692	0,45
ComStage MSCI World TRN UCITS ETF*	ComStage	ETF110 LU0392494562	0,20
Lyxor MSCI World UCITS ETF**	Lyxor (Tochter der französischen Bank Société Générale)	LYX0AG FR0010315770	0,30

* Fondswährung: US-Dollar; ** Fondswährung: Euro
Tabelle 5.4: Eine Auswahl an MSCI-World-ETFs (Stand August 2017)

Unsere Empfehlung: DAX-ETF als Basisinvestment, MSCI-World- und MDAX-ETF als Beimischung

Wenn Sie einen ETF-Sparplan einrichten wollen, sollten Sie die Auswahl möglichst einfach halten. Eine mögliche Aufteilung Ihres freien Kapitals:

➤ 50 Prozent DAX-ETF – Begründung: Sie können den Indexstand jederzeit leicht überprüfen und wissen dann auch, wie sich Ihre Geldanlage entwickelt hat. Außerdem gibt es bei einem solchen ETF keine Währungsschwankungen zu beachten. Investiert wird in solide Standardaktien aus Deutschland.

➤ 25 Prozent MSCI-World-ETF – Begründung: Mit diesem Index decken Sie die internationalen Aktienschwergewichte ab.

➤ 25 Prozent MDAX-ETF – Begründung: Die Werte aus der zweiten Börsenreihe in Deutschland bringen oft etwas mehr Rendite als die großen Standardwerte. Allerdings müssen Sie hier auch mit größeren Schwankungen rechnen.

Wie Sie via Sparplan einfach und erfolgreich in diese Fonds investieren, lesen Sie in Kapitel 9.

KAPITEL 6 –

AKTIVE FONDS – ERFOLGREICH IN SCHLECHTEN MARKTPHASEN UND IN SCHWIERIGEN MÄRKTEN OHNE PASSENDEN INDEX

Trotz der enormen Vorteile, die Indexfonds in die Fondsbranche gebracht haben, ist es sinnvoll, auch aktiv geführte Fonds auf der Beobachtungsliste und im Depot zu haben. Mögliche Gründe:

1. Es gibt keinen passenden Indexfonds (ETF) für das gewünschte Land, die Region oder die Branche, dafür aber aktive Fonds mit dem entsprechenden Schwerpunkt.

2. Die Indexgewichtung passt nicht zum eigenen Anlagewunsch. So deckt etwa der »Weltindex« MSCI World nicht wirklich die ganze Aktienwelt ab, sondern konzentriert sich auf US-Aktien mit gut 60 Prozent Indexgewicht und einige weitere Industrienationen.

3. Wenn der Fonds in kritischen Phasen nicht immer zu 100 Prozent in Aktien investiert sein soll, bietet sich ebenfalls kein Indexfonds, sondern ein aktiv geführter Aktienfonds an, der die Aktienquote je nach Marktlage variieren kann.

Hinzu kommt noch eine mittel- bis langfristige strategische Überlegung: Wie bereits mehrfach betont, haben die Indexfonds die Börsenwelt revolutioniert. Es gibt weltweit bereits rund 7000 Exchange Traded Products (dazu zählen auch die ETFs) mit einem Anlagevolumen von aktuell 4,3 Billionen US-Dollar – Tendenz stark steigend. Die 5-Billionen-Marke wird zeitnah fallen, und auch dann ist noch kein Ende des Wachstums in Sicht. Einige Kritiker stellen jetzt die

These auf, dass sich die Indexprodukte »zu Tode siegen werden«. Irgendwann sei so viel Geld in den Indexfonds investiert, dass diese
Fonds quasi im Alleingang das Auf und Ab der Aktienmärkte bestimmen. Fließt frisches Geld in die Indexfonds, muss dieses direkt in die
betreffenden Indexaktien investiert werden. Die Aktien im Index
marschieren dann im Gleichschritt nach oben. Doch nicht jede Aktie,
die in einem großen Index notiert, ist auch ein Top-Wert. Jeder Aktienindex enthält auch Unternehmen, die sich auf dem absteigenden
Ast befinden. An sich müssten diese Aktien aus dem Index absteigen,
doch die Mittelzuflüsse durch die Indexfonds verhindern die Korrek-
tur. Schwache Werte bleiben dann im Index, aufstrebende Wachs-
tumsunternehmen aus der zweiten und dritten Börsenreihe können
nicht mehr nachrücken, weil in diese Nicht-Indexaktien weniger Anlegergeld fließt. Das Ende vom Lied: Die Indizes verkrusten und
schleppen (zu) viele operativ schwache Werte mit. Ab einem gewissen Punkt kann dieses System platzen. Wenn die Käufer von Indexfonds merken, dass sie in Schrott investieren, werden sie den Geld-
hahn zudrehen und die Indexfonds sogar verkaufen. Das würde die
große Bereinigung einleiten.

Genau dann würde die Stunde der aktiv geführten Aktienfonds schlagen. Die Fondsmanager können komplett frei agieren und sich die
Trüffel am Aktienmarkt aussuchen. Wenn die ehemaligen Indexanle-
ger ihr Geld als Reaktion in die aktiv geführten Fonds investieren,
würde hier der nächste Kursaufschwung einsetzen.

Ob dieses Szenario so eintritt, kann heute noch niemand sagen. Aber
je mehr Geld in die Indexfonds fließt, desto größer ist die Wahrscheinlichkeit, dass am Ende der Entwicklung die Indexblase platzt
und die »Stock-Picker«, also die Fonds und Investoren, die Einzel-
werte aussuchen, die Gewinner sein werden. Wie gesagt: Indexfonds
(ETFs) sind aus unserer Sicht die wahrscheinlich beste Finanzinnovation der vergangenen 50 Jahre. Aber auch eine sehr gute Idee kann
in Übertreibungsphasen zu einem negativen Ergebnis führen. Daher

empfehlen wir eine offene Haltung zu Indexfonds *und* aktiv geführten Fonds. Warum sollen Sie auch ohne Not auf eine Anlageoption an der Börse verzichten?

Musterbeispiel für einen aktiven Fonds: Frankfurter Aktienfonds für Stiftungen (auch für Privatanleger geeignet)

Viele Fondsmanager orientieren sich sehr eng an dem ausgewählten Vergleichsindex (auch Benchmark genannt). Will ein aktiv geführter Aktienfonds zum Beispiel in große deutsche Standardwerte investieren, wird sich der Fondsmanager fast immer am deutschen Leitindex DAX orientieren. Ist die Übereinstimmung jedoch zu groß, hat der aktiv geführte Fonds keine Daseinsberechtigung. Dann müssten Sie rund 2 Prozent Gebühren pro Jahr zahlen, um praktisch nur den Index zu kopieren. Solche Fonds sollten Sie meiden!

Praxistipp: Ein Benchmark-Vergleich bringt Klarheit

Vor dem Fondskauf sollten Sie die Kursentwicklung des Fonds, den Sie in Betracht ziehen, mit der Kursentwicklung der Benchmark vergleichen. Also mit dem Index, der der Anlagestrategie des Fonds am nächsten kommt. Einen Aktienfonds »Standardwerte Deutschland« vergleichen Sie beispielsweise mit dem DAX, einen Aktienfonds »Standardwerte weltweit« mit dem MSCI World. Verlaufen die Charts des Fonds und der Benchmark fast deckungsgleich, lohnt sich der Kauf dieses Fonds nicht. Ein solcher Vergleich klingt nach »Profi-Wissen«, ist aber in drei Minuten erledigt.

➤ Schritt 1: Besuchen Sie ein kostenloses Börsenportal im Internet (zum Beispiel www.onvista.de).

> ➤ Schritt 2: Geben Sie die Wertpapierkennnummer (WKN) des ausgesuchten Fonds ein.

> ➤ Schritt 3: Klicken Sie im Menü auf »Chartanalyse«.

> ➤ Schritt 4: Klicken Sie den Unterpunkt »Benchmark« an.

> ➤ Schritt 5: Wählen Sie den passenden Vergleichsindex aus (Tipp: Fast alle Fonds geben in der Produktübersicht den passenden Vergleichsindex an).

> ➤ Schritt 6: Vergleichen Sie beide Charts über mehrere Zeiträume (im Optimalfall: ein Jahr, drei Jahre, fünf Jahre, zehn Jahre).

Die Chartverläufe zeigen Ihnen, ob Ihnen der ausgewählte aktive Fonds einen echten Mehrwert im Vergleich zum Indexfonds bietet: Der aktive Fonds muss besser abschneiden als der Index und/oder deutlich weniger Schwankungen aufweisen.

Wir haben für Sie exemplarisch einen Aktienfonds ausgesucht, der sich bewusst weit vom Vergleichsindex entfernt und bei der Aktienauswahl nur geringe Überschneidungen aufweist. Der **Frankfurter Aktienfonds für Stiftungen** (WKN: A0M8HD, ISIN: DE000A0M-8HD2) verfolgt dabei ganz bestimmte Ziele, wie Sie in der Fondsbeschreibung lesen können:

»Der Frankfurter Aktienfonds für Stiftungen investiert in unterbewertete Aktien mit einer hohen Sicherheitsmarge, um das Risiko zu reduzieren, gleichzeitig aber auch die Renditechancen zu erhalten. Der Fokus liegt auf Small und Mid Caps mit Schwerpunkt Europa, die eine hohe Dividendenrendite erwarten lassen. Der Fonds dient dem langfristigen Erhalt und Zuwachs des Ver-

mögens. Ob institutionelle Investoren wie Stiftungen, Versor-
gungskassen und Versicherungen oder Privatanleger – das Ziel
ist für alle gleich: auf Dauer kein Geld zu verlieren und darüber
hinaus eine mittel- bis langfristig überdurchschnittliche Rendite
zu erzielen. Dem fühlen wir uns verpflichtet.«

Bei der Aktienauswahl orientieren sich die Fondsmanager an den bekannten Value-Kriterien (also dem wertorientierten Ansatz, dem sich
beispielsweise auch Investmentguru Warren Buffett verpflichtet):

1. **Investiere in eine Aktie mit »Sicherheitsmarge«.** Das bedeutet:
    Die Aktie muss an der Börse deutlich – zum Beispiel 30 Pro-
    zent – unter dem fundamental berechneten Kursziel notieren.
    Der Star-Investor Warren Buffett, der bekannteste Vertreter der
    Value-Schule, hat es auf den Punkt gebracht: »Die Frage wie man
    reich wird, ist leicht zu beantworten. Kaufe einen Dollar, aber be-
    zahle nicht mehr als 50 Cent dafür.«

2. **Investiere in inhabergeführte Unternehmen.** Das bedeutet:
    Manager, die am Unternehmen beteiligt sind, agieren oft nach-
    haltiger und erfolgreicher als »eingekaufte« Manager, die eher an
    die kurzfristig erreichbaren Bonuszahlungen denken.

3. **Investiere in Unternehmen, die einen Burggraben besitzen.**
    Das bedeutet: Das Unternehmen sollte durch Patente, einen star-
    ken Namen, bekannte Marken oder andere Vorteile einen mög-
    lichst uneinnehmbaren Wettbewerbsvorteil besitzen.

4. **Nutze die Psychologie des Marktes.** Das bedeutet: In Boom-
    phasen ist »Mr. Market« extrem optimistisch und zahlt viel zu ho-
    he Preise für Aktien; in Krisenzeiten ist »Mr. Market« depressiv
    und verschleudert seine Aktien zu Schnäppchenpreisen. Im
    Crash muss man als Value-Investor mutig sein und gegen die
    Weltuntergangsstimmung Aktien billig einsammeln. Buffett emp-

fiehlt: »Seien Sie ängstlich, wenn die Welt gierig ist und seien Sie gierig, wenn die Welt ängstlich ist.«

Diese Kriterien klingen fast zu einfach, um wahr zu sein, aber kaum ein Anleger hält sich daran. 90 Prozent der Privatanleger scheitern an den psychologischen Fallen Gier und Angst. Die Fondsmanager des Frankfurter Aktienfonds für Stiftungen sind sicherlich nicht perfekt und treffen ebenfalls Fehlentscheidungen, doch unter dem Strich führen die oben genannten vier Kriterien dazu, dass sie regelmäßig den Markt schlagen. Hier eine Übersicht als Leistungsindikator:

Zeitraum	1 Monat	YTD (seit Jahres-beginn)	1 Jahr	3 Jahre	Seit Auflage	Seit Auflage pro Jahr
Frankfurter Aktienfonds für Stiftungen	0,31 %	11,33 %	15,27 %	36,56 %	177,71 %	11,21 %
Vergleichsindex MSCI Europe Small Cap	−0,65 %	10,51 %	14,56 %	41,44 %	120,21 %	8,56 %
Outperformance (Um wie viel besser ist der Fonds im Vergleich zur Benchmark?)	0,96 %-Punkte	0,81 %-Punkte	0,71 %-Punkte	−4,88 %-Punkte	57,51 %-Punkte	–

Tabelle 6.1: Wertentwicklung nach Perioden (Stand: 25.08.2017), Datenquelle: http://shareholdervalue.de/management-ag/fonds/

Während der Vergleichsindex MSCI Europe Small Cap die am Aktienmarkt langfristig üblichen 8 Prozent Gewinn pro Jahr erzielt hat, kommt der Fonds seit seiner Auflage am 15. Januar 2008 (also mitten in einer Crash-Phase) auf ein durchschnittliches Jahresplus von über 11 Prozent.

Dieser zweistellige Gewinn ist bemerkenswert, da die Fondsmanager relativ konservativ agieren. Zum einen werden die Aktien nach Value-Kriterien ausgewählt, also nach Kennzahlen, die sich nicht am bisherigen Chartverlauf orientieren, sondern an der Leistungskraft des Unternehmens und an seinem aktuellen Kurs an der Börse. Zum anderen ist der Fonds bekannt dafür, in unübersichtlichen Börsenphasen die Aktienquote zu senken und die Cashquote zu erhöhen. Nicht investiertes Geld kann sich aber auch nicht vermehren. Der Kapitalschutz ist in diesem Fall wichtiger als die maximal erreichbare Rendite.

Was ebenfalls bemerkenswert ist: Der Fonds verpflichtet sich zu einer nachhaltigen Geldanlage, investiert also weder in Alkohol- und Tabakhersteller noch in Hersteller von Rüstungsgütern. Auch Energiekonzerne, die Atomkraftwerke betreiben, bleiben außen vor.

So finden Sie weitere gute Aktienfonds

Wir haben Ihnen exemplarisch einen seit vielen Jahren erfolgreichen Aktienfonds vorgestellt. Wenn Sie Ihr Wertpapierdepot mit weiteren Fonds aufstocken wollen, können Sie für die Vorauswahl bekannte Fondsexperten wie Morningstar nutzen. Gehen Sie dazu einfach im Internet auf www.morningstar.de. Morningstar analysiert u. a. Fonds und vergibt auch Noten. Sie können diesen Dienst gleich zweifach nutzen:

1. Wenn Sie einen interessanten Fonds gefunden haben, können Sie die Wertpapierkennnummer direkt auf der Startseite von Morningstar eingeben und erhalten dann alle wichtigen Fondsinformationen im Kurzüberblick sowie eine Bewertung (ein bis fünf Sterne). Weist Ihr Fonds vier bis fünf Sterne auf, ist das ein Pluspunkt. Kommt der Fonds auf eine schlechte Note, sollten Sie sich genauer anschauen, wie die schlechte Note entstanden ist. Gab es zum Beispiel nur ein schlechtes »Ausrutscherjahr« oder schneidet der Fonds permanent schlechter ab als die Konkur-

renz? Völlig klar: Einmalige Ausrutscher fallen bei der Bewertung weniger ins Gewicht als ständige schlechte Performance.

2. Wenn Sie noch keine eigene Fondsidee haben, können Sie sich die Favoriten von Morningstar (www.morningstar.de => Fonds => Quickrank) ansehen. Dort gibt es viele Auswahlkriterien wie Land, Anlagestil oder Branche. Gefällt Ihnen ein Fonds, können Sie die Fondsbeschreibung lesen und prüfen, ob die Anlagephilosophie des Fondsmanagements zu Ihnen und Ihren Zielen passt.

Fazit: Indexfonds für die Offensive, aktive Fonds für die Defensive

Beide Fondstypen – aktiv und passiv geführte Fonds – sind sehr sinnvolle Depotbausteine. Setzen Sie nicht einseitig nur auf aktive Fonds (Ihre Hausbank wird wahrscheinlich versuchen, Ihnen teure aktive Fonds zu verkaufen) und auch nicht nur auf passive Fonds (wenn es keinen »guten« Index gibt, sollten Sie auch keinen Indexfonds mit diesem Schwerpunkt kaufen). Wählen Sie für Ihr Depot das Beste aus beiden Welten! Es ist wie beim Sport: Wenn Sie gewinnen wollen, kommt es auf die richtige Balance zwischen Offensive und Defensive an. Mit den Indexfonds geben Sie an der Börse stets Vollgas (Indexfonds sind per Definition immer zu 100 Prozent in den jeweiligen Index investiert), mit einem aktiv geführten Fonds können Sie Ihre Defensive stärken (Fondsmanager können die Aktienquote im Portfolio senken und die Cashquote erhöhen und so das Risiko reduzieren).

Mischfonds: ein gutes Basisinvestment

Wenn Sie das Gefühl haben, dass Sie kein glückliches Händchen bei der Auswahl von Wertpapieren haben und auch beim Timing (wann kaufen, wann verkaufen?) unsicher sind, können Sie diese Aufgaben auch an einen Profi abgeben. Dabei sind Sie nicht auf teure Vermögensverwalter angewiesen, die über einen Anlagebetrag von 10 000 Euro nur lachen würden. Die einfache Lösung: börsennotierte Mischfonds!

In Kapitel 4 haben wir Ihnen diese spezielle Fondsvariante bereits vorgestellt. Die Fondsmanager können in unterschiedliche Anlageklassen wie Aktien, Anleihen, Edelmetalle oder auch Cash investieren – also eine Art Mini-Vermögensberatung. Einige Banken und Vermögensberater haben ihre »Ideal-Depot-Lösungen« in die Form eines Fonds gegossen und damit der breiten Anlegermasse zugänglich gemacht. Wir stellen Ihnen jetzt zwei Mischfonds mit jeweils unterschiedlichen Chancen-Risiko-Profilen vor: einen defensiven und einen offensiven. Wer seine 10 000 Euro zu einem großen Teil in Aktien, Aktienfonds oder -ETFs anlegt, sollte als Basisinvestment eher auf den defensiven Mischfonds setzen, bei einer niedrigen Aktienquote dagegen empfiehlt sich der offensive Mischfonds.

Defensiver Mischfonds FOS Rendite und Nachhaltigkeit

Dieser Mischfonds aus dem Hause DWS (Fondstochter der Deutschen Bank) investiert in bonitätsstarke Anleihen und zu maximal 30 Prozent in Aktien. Seine WKN lautet DWS0XF, die ISIN DE000DWS0XF8. Die Portfoliogewichtung sah Mitte 2017 wie folgt aus: 70,9 Prozent Anleihen, 19,6 Prozent Aktien, 8,4 Prozent Fonds, 0,6 Prozent REITs (börsengehandelte Immobilien-AGs) und 0,4 Prozent Barreserve.

Der Fonds eignet sich für Privatanleger, die sich langsam an das Thema Aktien herantasten und in der Startphase größere Schwankungen vermeiden möchten. Wie der Name bereits andeutet, ist das Thema Nachhaltigkeit ein wichtiges Auswahlkriterium. Nach eigenen Angaben verbindet der Fonds den Anlegerwunsch nach Vermögenssteigerung mit der Verantwortung gegenüber Gesellschaft sowie Mensch und Natur. Staaten und Unternehmen, die gegen ethische oder ökologische Kriterien verstoßen, werden bei der Aktien- und Anleihenauswahl nicht berücksichtigt.

Der Fonds überzeugt mit zwei weiteren Pluspunkten: Zum einen ist die Rendite trotz der defensiven Aufstellung und der Niedrigzins-Phase attraktiv. Das Fünf-Jahres-Ergebnis liegt bei +25,2 Prozent. Das entspricht einer jährlichen Rendite von 4,6 Prozent. Zum anderen sind die jährlichen Gebühren mit nur 0,9 Prozent erfreulich niedrig. Unser Tipp: Den Ausgabeaufschlag in Höhe von 3 Prozent können Sie vermeiden, indem Sie den Fonds einfach über die Börse kaufen statt über die Fondsgesellschaft (Kapitalanlagegesellschaft, kurz KAG). Wählen Sie dazu als »Handelsplatz« im Orderformular eine Börse aus und vermeiden Sie den Eintrag »KAG«. Bei Einmalinvestments ist das möglich. Bei Sparplänen gehen Sie am besten über einen Fondsvermittler wie AVL Investmentfonds, Fondsdiscount, Fondsvermittlung24 oder Fonds-Super-Markt. Da ist ein Kauf über die Börse zwar nicht möglich. Aber häufig erhalten Sie dennoch einen Rabatt oder vollständigen Erlass des Ausgabeaufschlags und können auf diese Weise ebenfalls sehr kostengünstig investieren.

Offensiver Mischfonds Flossbach von Storch Multiple Opportunities

Fondsmanager Bert Flossbach setzt traditionell stark auf Sachwerte. Das erkennen Sie leicht, wenn Sie einen Blick auf die Depotgewichtung dieses Fonds (WKN: A0M430, ISIN: LU0323578657) werfen: 61 Prozent Aktien, 18 Prozent Barreserve, 11 Prozent Edelmetalle,

8 Prozent Anleihen und 2 Prozent Absicherungsinstrumente (Stand August 2017). Insgesamt ist die Mischung deutlich offensiver: Substanz mit Rendite.

Das Ergebnis: Der FvS-Fonds schwankt stärker an der Börse, doch dafür war in den vergangenen Jahren auch die Rendite spürbar höher. In den vergangenen fünf Jahren legte der Fondskurs um 43,46 Prozent zu. Das entspricht einer jährlichen Rendite von 7,48 Prozent.

Die größere Anlagebandbreite verursacht allerdings auch höhere Kosten. Pro Jahr müssen Sie mit Gebühren von bis zu 2 Prozent rechnen. Zumindest den Ausgabeaufschlag können Sie aber auch hier ganz einfach umgehen, indem Sie den Fonds nicht über die Fondsgesellschaft kaufen, sondern über die Börse. Auch dieser Fonds ist nicht direkt bei der Fondsgesellschaft sparplanfähig (siehe Kapitel 8). Wenn Sie ihn jedoch über einen passenden Broker oder über einen Fondsvermittler erwerben, dann können Sie ihn trotzdem via Sparplan besparen.

Nochmals als Resümee: Sie können in aktive oder in passive Fonds investieren. Als aktiv gemanagte Fonds legen wir Ihnen Mischfonds ans Herz, die hauptsächlich dann empfehlenswert sind, wenn Ihr Anlagehorizont vergleichsweise kurz ist. Grundsätzlich aber besteht bei aktiven Fonds auch die Möglichkeit, als Alternative zu ETFs einen reinen Aktienfonds zu nehmen. Deshalb lohnt sich eine nähere Betrachtung der Frage, wann Aktiv- und wann Passivfonds jeweils die bessere Option sind. Dazu gleich mehr im nächsten Kapitel.

KAPITEL 7 –
PASSIVE ETFS VERSUS AKTIVE FONDS – WAS IST BESSER?

ETFs sind eine große Bereicherung und ein pflegeleichter und kostengünstiger Baustein in einem gut strukturierten Depot. Dennoch darf bei diesem Thema eine kritische Analyse nicht fehlen. Es gibt Situationen, in denen aktiv gemanagte Fonds die bessere Alternative sind.

Ein Index ist der Blick in den Rückspiegel

Ein Indexfonds bildet – wie der Name schon sagt – einen Index ab. Es stellt sich jedoch folgende Frage: Wie sinnvoll ist es, einen bestehenden Index 1 : 1 abzudecken? Die aktuelle Indexgewichtung und -zusammenstellung ist immer ein Blick in den Rückspiegel. So sind in einem Aktienindex die Werte vertreten und hoch gewichtet, die in der Vergangenheit gut abgeschnitten haben und rege an der Börse gehandelt wurden. Ein Erfolg in der Vergangenheit ist aber keine Garantie, dass diese Werte auch künftig gut abschneiden. Im Gegenteil: Einige Kritiker bemängeln, dass die Index-Schwergewichte oft kursmäßig »überhitzt« sind und Rückschläge drohen. Auch ist ein Index nicht immer die perfekte Mischung aus verschiedenen Branchen, da es immer »Boom-Branchen« gibt, die dann aufgrund der jüngsten Kursanstiege im jeweiligen Index besonders stark gewichtet sind. So kann sich ein »Klumpenrisiko« bilden, also das Risiko, dass bestimmte Aktien der gleichen Branche alle zusammen in einem Index vertreten sind und gemeinsam in den Keller rauschen, wenn es mit der betreffenden Branche bergab geht.

Diese Kritik trifft bei einigen Indizes und folgerichtig auch bei Indexfonds zu. Blicken wir auf einen relativ jungen Indexfonds, der 2010 an der Börse platziert wurde. Er deckt den Index HSCEI ab, der die wichtigsten Aktien kontinental-chinesischer Unternehmen an der Börse Hongkong (H-Aktien) vereint. Damit können Anleger in Deutschland einfach und kostengünstig in den chinesischen Aktienmarkt investieren. Ein Blick auf die Indexgewichtung zeigt: Die sehr gut gelaufenen chinesischen Aktien aus der Finanzbranche machten beim Start 2010 fast 60 Prozent aus. Mit anderen Worten: Dieser Indexfonds ist im Prinzip eine Wette auf den Erfolg der chinesischen Banken und Versicherungen. Wenn es dagegen in China zu einer Finanzkrise kommt, rauscht der Index (und damit auch der Indexfonds) in die Tiefe. Ein aktiv geführter Aktienfonds mit Schwerpunkt China setzt auf einen ausgewogeneren Branchenmix. Damit sinkt das Risiko.

Das China-Beispiel ist keineswegs eine exotische Ausnahme. Wir müssen nur in unser Nachbarland Schweiz blicken. Wenn Sie glauben, dass Sie mit dem Kauf eines Indexfonds auf den Leitindex SMI den Schweizer Aktienmarkt breit gefächert abdecken, müssen wir Sie enttäuschen: Die drei Schwergewichte Roche, Novartis und Nestlé haben zusammen ein Indexgewicht von über 50 Prozent. Wenn diese drei Schwergewichte nicht laufen, stagniert der Index.

Fehlende Flexibilität – immer Vollgas

Wenn Sie einen Aktienindexfonds im Depot haben, geben Sie am Aktienmarkt immer Vollgas. Der Indexfonds investiert das Fondsvolumen stets zu 100 Prozent – auch in schlechten Börsenphasen. Während aktiv geführte Fonds in Crash-Phasen zum Beispiel die Bargeldquote erhöhen oder zum Teil sogar bestehende Positionen absichern können, ist ein Indexfonds in jeder Börsenphase voll investiert. In Crash-Phasen kann diese fehlende Flexibilität ein Nachteil sein. Allerdings darf nicht unerwähnt bleiben: Kein Fondsmanager wird den Wendepunkt am Aktienmarkt exakt treffen und die Aktien-

quote genau am Tiefpunkt wieder erhöhen. Der Indexfonds ist dagegen auch am Wendepunkt voll investiert und profitiert so schneller
und dynamischer vom Aufschwung.

Schwieriger Vergleich aktiv gegen passiv

Sie haben es vielleicht schon gelesen: Es gibt Studien, die zu dem Ergebnis gekommen sind, dass 80 bis 90 Prozent der Fondsmanager es
nicht schaffen, den Vergleichsindex zu schlagen. Diese Studien sind
umstritten. Die Fondsgesellschaft DWS, eine Tochter der Deutschen
Bank, kommt zum Beispiel zu dem Ergebnis, dass über einen Zeitraum von 10 Jahren 72 Prozent der DWS-Fonds besser abgeschnitten haben als der Vergleichsindex (da DWS aktiv geführte Fonds ver-
treibt, ist diese Untersuchung mit Vorsicht zu genießen). Umgekehrt
kommt der Indexanbieter S&P, einer der größten Gewinner des
ETF-Booms, in einer Studie zu dem Ergebnis, dass in den vergangenen 15 Jahren weniger als 17 Prozent der global anlegenden Aktien-
fondsmanager den Weltindex geschlagen haben. Je nachdem wie man
misst, wie man gewichtet und welche Zeiträume betrachtet werden,
fallen die Unterschiede recht groß aus. Die Mehrheit der uns bekannten Studien kommt zu dem Ergebnis, dass mehr als 50 Prozent der
aktiv geführten Fonds den Vergleichsindex nicht schlagen. Ob aber
diese Quote tatsächlich bei 80 bis 90 Prozent liegt, muss bezweifelt
werden. Es ist also durchaus nicht die berühmte Suche nach der Na-
del im Heuhaufen, wenn man einen gut geführten aktiven Fonds her-
ausfiltern möchte.

ETF-Anbieter wiederholen die Fehler der Zertifikateindustrie

Der Lerneffekt in der Finanzindustrie ist leider sehr gering. Die ETF-
Anbieter wiederholen exakt die gleichen Fehler, die die Zertifikate-

Emittenten (aufgrund der Masse an Zertifikate passt besser der Begriff Zertifikateindustrie) gemacht haben: Aus Geldgier wird eine ursprünglich gute Idee verwässert und ins Gegenteil umgekehrt. Zur Erinnerung: Die Zertifikate-Emittenten haben zunächst relativ sinnvolle Innovationen wie Indexzertifikate und Discount-Zertifikate entwickelt. Irgendwann waren die guten Ideen erschöpft und es wurde fast nur noch »Zertifikate-Müll« produziert.

Die Geschichte wiederholt sich. Im Jahr 1993 wurde der erste Indexfonds gegründet, jetzt gibt es schon rund 7000. Die Zahl der ETFs explodiert förmlich. Da die gängigen Indizes schon mehrfach abgedeckt wurden, werden neue Indizes »erfunden«. Es gibt ETFs mit Hebel, ETFs, die Strategien abdecken, ETF-Dachfonds und so weiter. Solche künstlichen Indizes und die zugehörigen ETFs bringen die Finanzkonzerne vorwiegend deshalb heraus, weil sie dann auch höhere Gebühren verlangen können. Leider eine sehr bedenkliche Entwicklung.

Aber dagegen gibt es zum Glück ein Gegenmittel: Bleiben Sie bei den einfachen, ursprünglichen und auch sehr kostengünstigen ETFs. Also bei denen, die bekannte und altbewährte Indizes wie den DAX, den Euro Stoxx 50 oder den S&P 500 abbilden. Unsere Empfehlungen dazu haben Sie in Kapitel 5 bereits erhalten.

KAPITEL 8 –
AKTIEN – SETZEN SIE AUF LANGFRISTIG SOLIDE, WERTHALTIGE DICKSCHIFFE

Aus drei Bausteinen setzt sich Ihr Portfolio zusammen: aus Tagesgeld als Liquiditäts- und Notfallreserve, aus Mischfonds als defensives Basisinvestment und aus einem Aktienanteil. Wie Sie diesen Aktienanteil im Einzelnen bestücken, können Sie frei entscheiden: Neben Aktienfonds oder -ETFs kommt auch eine Auswahl von Einzelaktien infrage. Was Sie darüber wissen müssen und welche Favoriten wir Ihnen empfehlen, erfahren Sie in diesem Kapitel.

Was Aktien sind

Aktien sind verbriefte Unternehmensanteile. Was heißt das? Als Käufer einer Aktie werden Sie zum Miteigentümer einer Aktiengesellschaft. Verbrieft war diese Eigentümerstellung in früheren Zeiten auf einem Dokument aus Papier, in der modernen Welt gibt es Aktien hauptsächlich in elektronischer Form. Im Unterschied zu anderen Unternehmensanteilen (etwa bei einer GmbH) sind Aktien als Anteile einer Aktiengesellschaft handelbar. Der Handel mit Aktien findet hauptsächlich an den Wertpapierbörsen dieser Welt statt, also zum Beispiel an der New York Stock Exchange (NYSE) oder an der deutschen Leitbörse Xetra.

> **Bitte nicht verwechseln: Aktien sind etwas anderes als Anleihen**
>
> Aktien sind etwas gänzlich anderes als Anleihen. Wenn Sie die Anleihen eines Unternehmens kaufen, dann leihen Sie dem be-

treffenden Unternehmen (oder auch einem Staat) einfach Geld. Dafür dürfen Sie dann einen bestimmten Zins erwarten, dessen Höhe in der Regel von Anfang an feststeht. Außerdem steht Ihnen das Recht zu, das geliehene Geld, also das Geld, das Sie in die Anleihe Ihrer Wahl investiert haben, am Ende der Laufzeit wieder zurückzuerhalten. Als Aktienkäufer haben Sie dagegen kein solches Recht: Als Miteigentümer steht Ihnen kein garantierter Zins zu. Und auch die Rückzahlung des investierten Geldes muss Ihnen die AG, deren Aktien Sie gekauft haben, nicht garantieren. Es gibt nur den Anreiz, vom Erfolg der Aktiengesellschaft zu profitieren.

Vom Erfolg einer Aktiengesellschaft können Sie als Aktionär auf zweierlei Arten profitieren:

➤ Zum einen ist es üblich, dass ein Teil des erwirtschaften Gewinns an die Aktionäre ausgeschüttet wird. Diese sogenannte Dividende wird in Deutschland üblicherweise einmal pro Jahr ausgezahlt, in den USA dagegen sind es vier kleinere Ausschüttungen pro Jahr (Quartalsdividenden). Langfristig machen die Dividenden bis zu 40 Prozent der Aktiengewinne aus.

➤ Zum anderen steigt bei Aktiengesellschaften, die sich erfolgreich am Markt behaupten, auf lange Sicht der Aktienkurs aufgrund der steigenden Nachfrage. Dass die Nachfrage steigt, kommt nicht von ungefähr: Denn der Teil der Gewinne, der nicht an die Aktionäre ausgeschüttet wird, wird wieder ins Unternehmen gesteckt, was dieses wertvoller macht und womöglich auch eine Ausweitung der Geschäftstätigkeit erlaubt. Und da dieser laufend steigende Wert auch in der Bilanz ausgewiesen wird, bleibt er auch den Aktienmärkten nicht verborgen.

Allerdings vollzieht sich dieser Kursanstieg bei erfolgreichen Aktiengesellschaften nicht in einer geraden Linie, sondern ist mit zum Teil
kräftigen Schwankungen verbunden. Diese spielen jedoch auf lange
Sicht kaum eine Rolle, wenn Sie Ihr Geld auf mehrere Aktiengesellschaften verteilen, wenn Sie sich solide, werthaltige Aktien aussuchen
und wenn Sie idealerweise via Aktiensparplan investieren.

Erfolgreiche Aktienauswahl: Orientieren Sie sich an der Investorenlegende Warren Buffett

Am Aktienmarkt gibt es zahlreiche Anlagestrategien. So wird zum
Beispiel unterschieden zwischen der fundamentalen Analyse, die
sich an den Kennzahlen des Unternehmens orientiert, und der chart-
technischen Analyse, die sich an bestimmten Mustern im bisherigen
Kursverlauf orientiert.

Die unterschiedlichen Anlagestrategien haben ihre Daseinsberechtigung, aber wir empfehlen Ihnen, den Schwerpunkt auf die fundamentale Analyse zu setzen. Zum einen ist sie aus unserer Sicht logisch
gut greifbar und damit leichter zu verstehen. Zum anderen gibt es Investoren, die seit über 50 Jahren erfolgreich damit arbeiten und mess-
bare Erfolge über lange Zeiträume schwarz auf weiß vorweisen können. Die Strategie funktioniert also.

Wir können hier kein ganzes Lehrbuch über die klassische Fundamentalanalyse liefern, aber als eine Art »Appetithäppchen« zeigen wir
Ihnen die oft unterschätzte Renditekraft der Dividenden und Warren
Buffetts Erfolgsstory, der mit der Value-Strategie zu einem der reichsten Menschen der Welt wurde.

Value-Strategie: Auf den Spuren von Warren Buffett

Warren Buffett wurde 1930 in Omaha, Nebraska, geboren. Während des Studiums der Wirtschaftswissenschaften traf er auf Benjamin Graham, den »Erfinder« der Fundamentalanalyse und der Value-Strategie. Sein Lehrmeister prägte sein Denken und Berufsleben stark. In den folgenden Jahrzehnten optimierte Buffett die Value-Strategie und passte sie der Neuzeit an (auch mithilfe seines kongenialen Partners Charlie Munger). Mitte der 1960er-Jahre verwandelte Buffett das ehemalige Textilunternehmen Berkshire Hathaway in eine Beteiligungsgesellschaft und startete die beeindruckendste Erfolgsserie der modernen Börsengeschichte. Hier seine Leistung in einer Übersicht:

Jahr	Veränderung Berkshire-Substanzwert in %	Veränderung S&P 500 in %	Relativer Vergleich
1965	+23,8	+10,0	+13,8
1966	+20,3	−11,7	+32,0
1967	+11,0	+30,9	−19,9
1968	+19,0	+11,0	+8,0
1969	+16,2	−8,4	+24,6
1970	+12,0	+3,9	+8,1
1971	+16,4	+14,6	+1,8
1972	+21,7	+18,9	+2,8
1973	+4,7	−14,8	+19,5
1974	+5,5	−26,4	+31,9
1975	+21,9	+37,2	−15,3
1976	+59,3	+23,6	+35,7
1977	+31,9	−7,4	+39,3

1978	+24,0	+6,4	+17,6
1979	+35,7	+18,2	+17,5
1980	+19,3	+32,3	−13,0
1981	+31,4	−5,0	+36,4
1982	+40,0	+21,4	+18,6
1983	+32,3	+22,4	+9,9
1984	+13,6	+6,1	+7,5
1985	+48,2	+31,6	+16,6
1986	+26,1	+18,6	+7,5
1987	+19,5	+5,1	+14,4
1988	+20,1	+16,6	+3,5
1989	+44,4	+31,7	+12,7
1990	+7,4	−3,1	+10,5
1991	+39,6	+30,5	+9,1
1992	+20,3	+7,6	+12,7
1993	+14,3	+10,1	+4,2
1994	+13,9	+1,3	+12,6
1995	+43,1	+37,6	+5,5
1996	+31,8	+23,0	+8,8
1997	+34,1	+33,4	+0,7
1998	+48,3	+28,6	+19,7
1999	+0,5	+21,0	−20,5
2000	+6,5	−9,1	+15,6
2001	−6,2	−11,9	+5,7
2002	+10,0	−22,1	+32,1
2003	+21,0	+28,7	−7,7
2004	+10,5	+10,9	−0,4
2005	+6,4	+4,9	+1,5

2006	+18,4	+15,8	+2,6
2007	+11,0	+5,5	+5,5
2008	–9,6	–37,0	+27,4
2009	+19,8	+26,5	–6,7
2010	+13,0	+15,1	–2,1
2011	+4,6	+2,1	+2,5
2012	+14,4	+16,0	–1,6
2013	+18,2	+32,4	–14,2
2014	+8,3	+13,7	–5,4
2015	+6,4	+1,4	+5,0
2016	+10,7	+12,0	–1,3
Durchschnittliche Veränderung pro Jahr	+19,0	+9,7	+9,3

Tabelle 8.1: Performance von Berkshire Hathaway im Vergleich zum S&P 500

In 40 von 52 Jahren hat Buffett demzufolge den S&P 500, den wichtigen amerikanischen Aktienindex, geschlagen. Das schaffte er insbesondere dadurch, dass er Verluste vermeiden konnte. Nur in zwei Jahren (2001 und 2008) sank der Buchwert pro Aktie. Und das waren jeweils Crash-Phasen, in denen der Aktienmarkt wesentlich mehr verloren hat. Insgesamt stieg der Buchwert (= Substanzwert) je Aktie um 19,0 Prozent pro Jahr – und das über einen Beobachtungszeitraum von 52 Jahren. Der S&P 500 schaffte in dieser Phase »nur« ein durchschnittliches Jahresplus von 9,7 Prozent.

Noch einige Details: Anleger, die in den 60er-Jahren Berkshire-Aktien für 1000 US-Dollar gekauft und einfach nur gehalten haben, sind heute vielfache Dollar-Millionäre und die A-Aktien von

Berkshire Hathaway gelten mit Kursen von über 250 000 US-Dollar je Aktie als die teuersten Aktien der Welt.

Unser Tipp: Die B-Aktien von Berkshire Hathaway (WKN: A0YJQ2; ISIN: US0846707026) haben die gleiche Qualität und sind preislich auch für Privatanleger erschwinglich.

Jetzt werden Sie sich fragen, mit welcher »Zauberformel« Warren Buffett sich zum Milliardär und die Aktionäre der ersten Stunde zu Millionären gemacht hat und was Sie mit Ihrem Startkapital von 10 000 Euro davon lernen können. Vorab die »kalte Dusche«: Sie werden überrascht sein, wie simpel seine Investitionsgrundsätze sind. Nach der Lektüre werden Sie sagen, dass das jeder kann. Unsere Antwort: Im Prinzip kann das jeder, aber nur eine kleine Minderheit hat die Disziplin, sich bei Anlageentscheidungen an diese strengen Kriterien zu halten. Die große Masse wird nervös, wenn Geld in der Kasse ist und kauft zu früh und zu teuer; oder verkauft im Crash, weil der Druck, den der Kurssturz über Monate oder sogar Jahre ausübt, den Anleger zermürbt. Ab einer gewissen Schmerzgrenze verkaufen Anleger selbst Aktien von Weltklasseunternehmen weit unter Wert und sehnen sich nur noch nach Cash auf dem Konto und Stabilität im Depot. Während 90 Prozent der Anleger, die am Aktienmarkt ohne festen Plan agieren, an den beiden »Börsentodsünden« Gier und Angst scheitern, läuft Buffett speziell in Druckphasen zu großer Form auf und greift eiskalt zu – wobei auch er selbstverständlich Niederlagen hinnehmen muss; aber das Gesamtergebnis stimmt, wie oben gesehen. Buffett selbst kommentiert das Verhältnis von einfacher Anlagestrategie und menschlicher Handlungsschwäche mit den Worten, dass die Geldanlage »einfach, aber nicht leicht« sei. Sein Partner Charlie Munger schlägt in die gleiche Kerbe, wenn er sagt: »Nehmen Sie eine einfache Idee, und nehmen Sie sie ernst.«

Die vier Grundsätze von Warren Buffetts Value-Strategie

In dem sehr empfehlenswerten Buch *Charlie Munger – Ich habe dem nichts mehr hinzuzufügen* erklärt Tren Griffin die vier fundamentalen Grundsätze für Value-Investing im Stil von Benjamin Graham, Warren Buffett und Charlie Munger:

1. Behandeln Sie eine Aktie als proportionale Beteiligung an einem Unternehmen.

2. Kaufen Sie mit einem deutlichen Abschlag gegenüber dem inneren Wert, um eine Sicherheitsmarge zu haben.

3. Lassen Sie den manisch-depressiven Markt Ihren Diener sein, nicht Ihren Herrn.

4. Handeln Sie rational, objektiv und leidenschaftslos.

Wir möchten diese vier einfachen, aber so wichtigen Grundsätze für Sie jetzt etwas genauer unter die Lupe nehmen.

1. Behandeln Sie eine Aktie als proportionale Beteiligung an einem Unternehmen

Das hört sich selbstverständlich an, ist es aber nicht. Dazu eine Beobachtung: Wenn es darum geht, ein gebrauchtes Auto zu finden, investieren die meisten Menschen locker einen Monat Zeit, recherchieren im Internet und in Fachzeitschriften (Verbrauch, Pannenstatistik, typische Schwachstellen etc.) und testen zwei bis drei Fahrzeuge mit einer Probefahrt, bevor sie das Geld in das Auto investieren. Wenn aber die gleichen Personen einen »heißen Börsentipp« erhalten oder in der Zeitung von einer »Wachstumsrakete« lesen (aktuell sind zum Beispiel Lithium-Aktien heiß gehandelte Kandidaten), nehmen sie sich nur fünf Minuten Zeit, informieren sich weder über das Geschäftsmodell, noch lesen sie den Geschäftsbericht, investieren aber dennoch einen vierstelligen Betrag in diese Aktie.

Ein anderes Beispiel: Während unserer Ausbildung an der Journalisten-Akademie haben wir den Handelsraum einer Schweizer Großbank besichtigt. Ein Händler war sehr damit beschäftigt, stetig zu kaufen und zu verkaufen. Auf unsere Frage, was er momentan handle, konnte er uns spontan keine Antwort geben. Er musste erst in der Handelsmaske nachsehen, um zu erkennen, dass es Terminkontrakte auf den europäischen Leitindex Euro Stoxx 50 waren. Sein Kommentar damals: »Mir ist es egal, was ich kaufe oder verkaufe. Wenn ich das festgelegte Einstiegssignal erhalte, dann kaufe ich, wenn ich das festgelegte Ausstiegssignal sehe, dann verkaufe ich.« Diesen Job erledigen heute übrigens Computersysteme im Bruchteil einer Sekunde.

Beide Wege können zum Erfolg führen. Der »heiße Tipp« kann sich als Volltreffer an der Börse erweisen und auch das automatische Handelssystem kann eine hohe Trefferquote aufweisen. Aber das hat dennoch nichts mit einer gezielten und planvollen Investition zu tun, sondern ist reine Spekulation.

Wenn Sie an der Börse systematisch anlegen wollen, sollten Sie sich genauer über das Zielobjekt informieren. Laut Graham und Buffett ist es egal, ob Sie 0,001 Prozent oder 100 Prozent eines Unternehmens an der Börse kaufen. Sie werden jeweils Anteilseigner und sollten sich bestmöglich informieren. **Unser Praxistipp:** Lesen Sie die jüngsten zwei bis drei Geschäftsberichte und vergleichen Sie die Prognosen aus den alten Berichten mit den dann tatsächlich erzielten Resultaten. So bekommen Sie sehr schnell ein Gefühl dafür, ob im Management »Dummschwätzer« sitzen, oder aber echte Unternehmer, die nachhaltig agieren.

Angesichts des relativ großen Zeitaufwands werden einige erfahrene Aktionäre antworten: »Ich kann nicht so viel Zeit in jedes einzelne Unternehmen stecken, dafür ist mein Depot mit 30 Positionen viel zu groß.« Die einfache Antwort: Weniger ist mehr! Finden Sie die Balance aus Risikostreuung (nicht alles auf eine Karte setzen) und Konzentration. Mit fünf bis zwölf Unternehmen haben Sie bereits ein sehr schönes Depot. Warren Buffett sagt zum Thema Aktienvielfalt im Depot: »Konzentrieren Sie Ihre Investments. Wenn Sie über einen Harem mit vierzig Frauen verfügen, lernen Sie keine richtig kennen.«

2. Kaufen Sie zu einem deutlichen Abschlag gegenüber dem inneren Wert, um eine Sicherheitsmarge zu haben
Dieser Value-Grundsatz hat sich in den vergangenen knapp 100 Jahren recht stark gewandelt. Der »Value-Erfinder« Benjamin Graham liebte es, Unternehmen zu kaufen, die deutlich unter dem Substanzwert notierten. Was damit gemeint ist: Ein Unternehmen kostet aktuell an der Börse 50 Millionen Euro. Wenn man das Unternehmen jedoch auflösen und alle Vermögenswerte verkaufen würde, läge der Verkaufserlös bei 100 Millionen Euro. Oder wie es Buffett treffend formuliert hat: »Die Frage, wie man reich wird, ist leicht zu beantworten. Kaufe einen Dollar, aber bezahle nicht mehr als 50 Cent dafür.«

In der Theorie dürfte es diese »Schnäppchen« nicht geben, weil Märkte effizient sein sollen. Das bedeutet: Alle Informationen sind zu jeder Zeit im aktuellen Aktienkurs enthalten. Doch die Realität zeigt uns immer wieder, dass die Märkte nicht alle Informationen einpreisen und dass speziell in Boom- und in Krisenzeiten Emotionen wie Gier und Angst dafür sorgen, dass Aktienkurse viel zu hoch oder zu niedrig sind. Aktienkurs und Unternehmenswert sind also häufig nicht identisch. Buffett bringt es auf den Punkt: »Price is what you pay. Value is what you get.« Der Aktienkurs ist das, was du bezahlst, der Wert ist das, was du bekommst.

Sehr schön hat das auch der berühmte Börsenkolumnist André Kostolany beschrieben: »Mit der Wirtschaft und der Börse verhält es sich wie mit dem Mann und seinem Hund beim Spaziergang. Der Mann läuft langsam und gleichmäßig weiter. Der Hund läuft vor und zurück. Aber beide bewegen sich in die gleiche Richtung. Der Mann ist die Wirtschaft, der Hund die Börse.« Das bedeutet: Mal bleibt der Hund

zurück, die Aktienkurse notieren also unter dem fairen Wert, mal rennt
der Hund vor, die Kurse notieren also über dem fairen Wert. Aber die
gemeinsame Richtung stimmt und Herrchen und Hund treffen sich
während des Spaziergangs immer wieder, dann ist der faire Kurs erreicht. Sie müssen dennoch versuchen, Aktien dann zu kaufen, wenn
sie deutlich unter dem Substanzwert notieren. Schaffen Sie das, haben
Sie zwei elementare Vorteile: Sie besitzen eine Sicherheitsmarge, falls
es an der Börse kracht, und außerdem lockt ein hoher Kursgewinn,
wenn in guten Börsenphasen der Aktienkurs den fairen Wert erreicht.

Der Kauf weit unter dem Substanzwert ist der Ursprung der Sicherheitsmarge im Sinne von Benjamin Graham. Allerdings hat sich in den
vergangenen Jahrzehnten die Definition verändert. Zu Grahams Zeiten
waren viele Investoren schlecht informiert. Da war es relativ einfach,
»Schnäppchen« am Aktienmarkt zu finden. Im modernen Computer-
zeitalter werden alle Geschäftsberichte digital aufbereitet. Da kommt es
nur selten vor, dass der Aktienkurs weit unter dem Substanzwert notiert. Wenn das der Fall ist, gibt es meistens einen einfachen Grund: Das
Unternehmen erwirtschaftet Verluste und reduziert so stetig die Substanz. Solche Aktien werden oft mit einem großen Sicherheitsabschlag
gehandelt – sind aber nur selten Kauf-Kandidaten für Value-Investoren.

Buffett, Munger und andere Value-Größen berechnen den Sicherheitsabschlag heute oft anders: Es geht nicht um die jetzt verfügbare
Unternehmenssubstanz, sondern um die zukünftig zu erwartenden
Mittelzuflüsse (Cashflow). Wenn der Aktienkurs nicht reflektiert,
dass zukünftig hohe Kassenzuflüsse zu erwarten sind, weil das Geschäftsmodell bombensicher ist, dann besteht die geforderte Sicherheitsmarge. Das erklärt auch, warum Buffett und sein Partner Munger
für ihre Beteiligungsgesellschaft Berkshire Hathaway nicht nur
»Schnäppchen« erwerben, die an der Börse (aus ihrer Sicht zu Un-
recht) unter Druck stehen, sondern häufig auch erstklassige Top-Un-
ternehmen, die auf den ersten Blick – gemessen an Kennzahlen wie
KGV oder Dividendenrendite – nicht günstig wirken.

3. Lassen Sie den manisch-depressiven Markt Ihren Diener sein, nicht Ihren Herrn

In der Wirtschaftstheorie heißt es immer wieder, dass es effiziente Märkte gibt und der jeweilige Aktienkurs alle verfügbaren Informationen einpreist. Wenn dem so wäre, würde Value-Investing nicht funktionieren. Die Value-Strategie lebt davon, dass die Märkte nicht (!) rational sind. Spätestens die Finanzkrise von 2007 bis 2009 hat aus unserer Sicht gezeigt, dass der Traum von den effizienten Märkten nur ein Märchen ist. Damals wurden Wertpapiere, die noch Tage vorher über die bestmögliche Sicherheitsstufe verfügten (AAA-Rating), quasi über Nacht wertlos. Die Verbriefungen von bestimmten Kreditforderungen hatten nur in Schönwetterphasen funktioniert, in der Immobilienkrise waren sie dagegen wertloser Müll. Warren Buffett hat auch diese Entwicklung sehr schön bildhaft beschrieben: »Erst wenn die Ebbe kommt, sieht man, wer nackt schwimmt.«

Die Investoren am Aktienmarkt handeln ebenfalls nicht rational. Benjamin Graham bezeichnete den Aktienmarkt (Mr. Market) als manisch-depressiven Patienten. Mal ist er super gelaunt und zahlt Preise deutlich über dem fairen Wert, dann ist er extrem schlecht gelaunt und zahlt Preise weit unter dem fairen Wert. Ein Beispiel ist die Nestlé-Aktie aus der Schweiz. Der Lebensmittelgigant aus der Schweiz verfügt über ein »langweiliges«, aber sehr stabiles Geschäftsmodell. In Boom-Phasen geben die Kunden nicht wesentlich mehr für Nestlé-Produkte aus, dafür sparen sie in Crash-Phasen auch nicht bei Lebensmitteln. Auch die Bilanzqualität und die Dividendenpolitik waren in den vergangenen zehn Jahren stets positiv. Angesichts dieser Rahmenbedingungen hätte die Aktienbewertung in einem effizienten Markt stets ähnlich sein müssen. Doch die Realität sieht ganz anders aus. In Crash-Phasen ist das Kurs-Gewinn-Verhältnis (KGV) der Nestlé-Aktie auf rund 10 abgerutscht, in Boom-Phasen ist das KGV der Aktie auf fast 30 gestiegen. Sie werden zugeben: Es ist ein riesiger Unterschied, ob man ein Unternehmen an der Börse mit dem zehnfachen oder mit dem dreißigfachen Jahresgewinn bewertet. Ein

KGV von 30 ist für ein relativ wachstumsschwaches Unternehmen wie Nestlé zu viel. Ein KGV von 10 ist hingegen für ein so stabiles Geschäftsmodell mit üppigen Cashflows (Mittelzuflüssen) und Dividenden zu wenig.

Die Value-Strategie nach Graham besagt, dass Sie als Anleger nicht unter den Kursschwankungen leiden, sondern dass Sie diese Schwankungen gezielt nutzen sollen! Das heißt konkret: Verkaufen Sie überbewertete Aktien in Boom-Phasen und streichen Sie so hohe Gewinne ein. Das klingt einfach, ist es aber nicht. Wenn die Aktienkurse Tag für Tag steigen, fällt es oft unglaublich schwer, diesen Aufschwung durch einen Verkauf »abzuwürgen«. Nach dem Verkauf schmerzt jeder weitere Tag mit Kursgewinnen (erst im späteren Crash ist man dann froh, die Gewinne durch den Verkauf abgesichert zu haben). Umgekehrt ist der Leidensdruck auch riesig, wenn der Aktienkurs eines Depotwerts trotz erstklassiger Qualität des Unternehmens zum Teil über Jahre fällt (zum Beispiel in den Crash-Phasen 2000 bis 2003 oder 2007 bis 2009). In solchen Phasen muss ein Value-Anleger das Stehvermögen und die Nerven besitzen, nicht alles zu verkaufen, sondern im Gegenteil die Krise nutzen, um Top-Werte weiter aufzustocken. Auch das erfordert – wie die vorzeitige Gewinnmitnahme in Boom-Phasen – mentale Stärke. Daher noch einmal Buffetts Ratschlag: »Seien Sie ängstlich, wenn andere gierig sind, und werden Sie gierig, wenn andere ängstlich sind.«

Einen konkreten Praxistipp, wie Sie diesen Rat auch als Börseneinsteiger ganz einfach und günstig umsetzen können, finden Sie in Kapitel 9 über Sparpläne und den Cost Average Effect.

4. Handeln Sie rational, objektiv und leidenschaftslos
Wie wir gerade gezeigt haben, sind die Aktienmärkte nicht effizient – zumindest in vielen Marktphasen nicht. Daher ist es wichtig, dass Sie sich als Value-Anleger nicht von den Gefühlen Gier (im Boom) und Angst (im Crash) anstecken lassen. Das funktioniert am besten, wenn

Sie feste Auswahlkriterien beim Kauf und Verkauf von Aktien sowie bei der Auswahl besitzen. Der wahrscheinlich teuerste Spruch für eine Neubewertung an der Börse lautet: »Dieses Mal ist alles anders.« Mit diesem Spruch soll begründet werden, warum gerade jetzt eine Aktie, eine Branche oder der gesamte Aktienmarkt viel höher oder tiefer bewertet sein sollte als in früheren Zeiten. Es gibt in der Tat Ereignisse, die dazu führen, dass das Bewertungsniveau von Aktien neu berechnet werden muss. Denken Sie zum Beispiel an die politisch erzwungene Energiewende in Deutschland, die das Geschäftsmodell der alten Energieversorger RWE und Eon auf den Kopf gestellt hat. Oder denken Sie an die Nullzinspolitik der Notenbanken, die dafür sorgt, dass Dividenden als Zinsersatz wertvoller werden (= höhere Bewertung von zuverlässigen Dividendenzahlern). Doch diese Ereignisse sind relativ selten und gelten oft nur für eine bestimmte Zeit. In den Börsenmedien und Internetforen lesen Sie dagegen im Wochentakt, warum »Dieses Mal alles anders ist« und bestimmte Aktien vor einer positiven oder negativen Neubewertung stehen. In neun von zehn Fällen ist die Neubewertung jedoch nicht gerechtfertigt. Lassen Sie sich also davon nicht anstecken! Bleiben Sie Ihrem einmal ausgewählten Anlagestil treu und setzen Sie Ihre Strategie über Jahre oder Jahrzehnte um.

Schnellcheck: An welchen Kennzahlen Sie attraktive Aktien erkennen

Für die Aktienauswahl brauchen Sie kein Bilanzgenie oder Finanzmathematiker zu sein. Einige wenige, leicht verständliche Kennzahlen in Verbindung mit klaren Kriterien genügen, um attraktive, werthaltige, solide Unternehmen zu identifizieren. Vor allem sollten Sie sich von einer euphorischen oder panischen Stimmung an der Börse nie dazu verleiten lassen, Ihren gesunden Menschenverstand abzuschalten. Der ist nämlich das Wichtigste bei der Entscheidung, in welche Aktien Sie investieren.

Wie erfolgreich ist eine Aktiengesellschaft? Und wie teuer oder billig ist im Vergleich dazu ihre Aktie an der Börse? Für einen ersten Eindruck brauchen Sie keine Unmenge an Zahlen, Daten und Fakten, um das zu beurteilen. Aber einige Kennzahlen aus der Fundamentalanalyse sind ausgesprochen hilfreich. Sie werden schnell sehen: Diese Kennzahlen sind nicht allzu schwer zu verstehen.

Wo Sie die hier vorgestellten Kennzahlen finden

Auf einschlägigen Börsenportalen wie www.onvista.de, www.finanzen.net oder www.boerse.de werden Sie schnell fündig. Geben Sie den Namen oder die Wertpapierkennnummer/ISIN der Aktiengesellschaft ein, für die Sie sich interessieren. Dann klicken Sie – je nach Börsenportal – über dem Chart oder den Angaben zum aktuellen Kurs auf »Fundamentalanalyse«, »Kennzahlen« → »fundamental« oder einfach nur »Fundamental«. Nicht jedes Börsenportal weist jede Kennzahl aus – aber auf einem von ihnen werden Sie üblicherweise fündig. Wichtig: Die Datenqualität dieser kostenlosen Anbieter ist zum Teil schlecht. Als Faustformel gilt: Je kleiner das börsennotierte Unternehmen, desto schlechter ist die Datenqualität über dieses Unternehmen im Internet. Die beste Datenqualität finden Sie in den Geschäftsberichten der jeweiligen Unternehmen (Umsatz, Gewinn, Cashflow, Dividende, Aktienanzahl etc.). In den Geschäftsberichten werden Sie jedoch üblicherweise keine genauen Schätzungen für die Folgejahre finden, sondern nur in der Vergangenheit erreichte Werte.

Das Kurs-Gewinn-Verhältnis (KGV)

Das Kurs-Gewinn-Verhältnis (abgekürzt KGV) ist die wohl am häufigsten herangezogene Bewertungskennzahl für Aktien. Manchmal liest man auch die englische Abkürzung PE oder PER (Price Earnings Ratio). Hier wird einfach der aktuelle Aktienkurs durch den

Gewinn pro Aktie geteilt – oder alternativ der aktuelle Börsenwert (die Marktkapitalisierung) durch den gesamten Gewinn der Aktiengesellschaft. Das Ergebnis ist eine Zahl, die meist zwischen 5 und 100 liegt. Was heißt das? Das KGV zeigt Ihnen an, mit welchem Vielfachen des Jahresgewinns ein Unternehmen an der Börse bewertet wird. Man könnte auch sagen: Wenn sich am Gewinn in den kommenden Jahren nichts ändert, dann besagt das KGV, wie viele Jahre Sie nach Kauf der Aktie warten müssen, bis allein die laufenden Gewinne Ihr investiertes Geld wieder erwirtschaftet haben. Ein niedriges KGV ist daher häufig ein Kaufargument. Idealerweise kaufen Sie eine Aktie, wenn das KGV unter 12 liegt. Bei langfristigen Investments in werthaltige Aktien, wie wir es in diesem Buch empfehlen, ist auch ein KGV von 15 bis 20 vertretbar.

Falls Sie eine Aktie mit einem niedrigen KGV entdecken, prüfen Sie, ob das betreffende Unternehmen (weiterhin) gute Wachstums- und Gewinnaussichten hat und ob nicht irgendwelche milliardenschweren Risiken bestehen (so wie zum Beispiel das Klagerisiko im Abgasskandal bei VW). Wenn Sie zu dem Schluss kommen, dass die Aussichten gut sind und kein hohes Risiko die künftige Bilanz des Unternehmens verhageln könnte, dann kommt die betreffende Aktie zumindest infrage. Verlassen Sie sich aber nie allein auf das KGV, sondern ziehen Sie stets auch andere Kriterien für Ihre Kaufentscheidung heran.

Das Kurs-Cashflow-Verhältnis (KCV)

Mit dem Gewinn einer Aktiengesellschaft ist das so eine Sache: Nicht alles, was in einem Jahr erwirtschaftet wird, stammt aus dem operativen Geschäft. Manchmal steigt der Gewinn rasant an, wenn etwa eine AG einen Unternehmenszweig oder eine Tochtergesellschaft veräußert hat. Das mag ihr dann zwar einen Batzen Geld eingebracht haben. Aber dieser einmalige Geldregen wird sich im nächsten oder übernächsten Jahr wohl kaum wiederholen. Wenn Sie in einem solchen Fall das KGV betrachten, dann wird es niedriger und damit attraktiver ausfallen, als es sollte. Es zeichnet ein falsches Bild der Wirklichkeit. Deshalb lohnt sich häufig die Betrachtung des Kurs-Cashflow-Verhältnisses (KCV). Sie sehen schon: Der einzige Unterschied zum KGV besteht darin, dass das »G« in der Mitte durch ein »C« ersetzt wird. Beim KCV wird nicht der Gewinn betrachtet, sondern der operative Cashflow. Also die Geldmittel, die durch den laufenden Betrieb erwirtschaftet werden und damit das Kerngeschäft des Unternehmens bilden. Einmalige Sondereffekte bleiben unberücksichtigt. Man könnte deshalb sagen, das KCV sei das bessere KGV, und auch hier gilt: Je niedriger, desto besser, vorausgesetzt, die Zukunftsaussichten des Unternehmens sind gut und die Risiken überschaubar.

Price-Earning-to-Growth-Ratio (PEG)

KGV und KCV haben eine Schwäche: Bei Unternehmen mit starkem Gewinnwachstum fallen sie oft vergleichsweise hoch aus. Dabei ist eben dieses Gewinnwachstum häufig ein schlagkräftiges Kaufargument. Und auch für dieses Kaufargument gibt es eine Kennzahl namens Price-Earnings-to-Growth-Ratio (PEG). Das PEG teilt das Kurs-Gewinn-Verhältnis (KGV) in Relation zum erwarteten Gewinnwachstum in Prozent. Sind KGV und Gewinnwachstum identisch, liegt das PEG bei 1. Als günstig gilt eine Aktie, wenn der Wert bei 1 oder tiefer liegt (Gewinnwachstum ist größer als KGV).

Ein Beispiel: Wächst der Gewinn je Aktie um 10 Prozent pro Jahr, sollte das KGV auch nicht über 10 liegen. In diesem Fall liegt das PEG bei 1 oder darunter. Kann das Unternehmen den Gewinn dagegen um 30 Prozent steigern, wäre auch ein vergleichsweise hohes KGV von bis zu 30 vertretbar. Abermals wäre ein Aktienkauf attraktiv, wenn das PEG einen Wert von maximal 1 hätte.

Eine mögliche Schwachstelle ist allerdings der Betrachtungszeitraum: Diese Prognosen sind aber schnell hinfällig, gerade angesichts einer oft unberechenbaren Konjunkturentwicklung (Platzen der Dot-com-Blase, Finanzkrise). Es ist häufig nicht möglich, zuverlässige Schätzungen für die nächsten zwei oder drei Jahre abzugeben. Doch gibt es eine Handvoll Unternehmen, die relativ berechenbare Geschäftszahlen abliefern. Das PEG ist daher eine sinnvolle Ergänzung zum traditionellen KGV und zeigt etwa an, dass eine Aktie mit einem KGV von 30 nicht zu teuer sein muss, wenn die Gewinne stark wachsen. Umgekehrt kann ein KGV von 10 teuer sein, wenn die Gewinne stagnieren. Sie sollten sich allerdings niemals allein aufgrund eines niedrigen PEG für eine Aktiengesellschaft entscheiden. Diese Kennzahl sollten Sie stets in Verbindung mit den anderen Kennzahlen betrachten und außerdem recherchieren, ob die Faktenlage wirklich für die prognostizierten Wachstumsraten spricht.

Dividendenrendite und Ausschüttungsquote

»Die Dividende ist der neue Zins«, so ist es in der aktuellen Null- bzw. Niedrigzinsphase häufig zu hören. Sprich: Wenn Bankkonten und Anleihen schon keine Zinsen abwerfen, dann sollten dies wenigstens die Aktiengesellschaften mit ihren laufenden Ausschüttungen (Dividenden) tun. Tatsächlich spricht vieles dafür, die Dividende als eine Art Zins zu betrachten, auch wenn sie im Unterschied zu klassischen Zinsanlagen Jahr für Jahr in ihrer Höhe schwankt. Die Dividendenrendite ist sozusagen der Zins, den Ihr Aktieninvestment abwirft. Dafür wird einfach die Dividende einer Aktie durch ihren aktuellen Kurs geteilt (bzw. durch den Kaufkurs, wenn Sie die betreffende Aktie bereits erworben haben). Das Ganze multiplizieren Sie dann mit 100 Prozent.

Ein Beispiel: Eine Aktie hat einen Kurs von 100 Euro, und die letzte Dividendenausschüttung belief sich auf 3 Euro pro Aktie. Dann beläuft sich die Dividendenrendite auf 3 Prozent – ein überdurchschnittlich guter Wert. Im langjährigen Mittel kommen die DAX-Aktien beispielsweise auf 2,5 Prozent. Das klingt nach verhältnismäßig wenig. Aber bedenken Sie: Es wäre gar nicht gut, wenn ein Unternehmen laufend seine gesamten Gewinne an die Aktionäre ausschütten würde. Denn dann bliebe kein Geld dafür übrig, notwendige Investitionen in neue Maschinen, in die Produktentwicklung, in Patente, in den Fuhrpark oder sonstige Dinge zu tätigen. Ein Unternehmen, das nicht laufend einen Teil der Gewinne reinvestiert, ist jedoch irgendwann weg vom Fenster.

Aus diesem Grund sollten Sie sich gerade bei hohen Dividenden die Frage stellen, welchen Anteil vom Gewinn diese ausmachen. Die Antwort gibt Ihnen die sogenannte Ausschüttungsquote. Idealerweise liegt diese bei maximal 50 bis 60 Prozent. Eine Ausschüttungsquote über 75 Prozent spricht gegen den Kauf der betreffenden Aktie. Sehr wahrscheinlich handelt es sich dabei um ein Unternehmen, das langfristig seine Substanz aufzehrt, um nur ja seine Aktionäre wenigstens halbwegs zufriedenzustellen. Ausnahme: Das Geschäftsmodell erfordert keine größeren Investitionen. In diesem Fall kann ein großer Anteil des Gewinns ausgeschüttet werden. In der Praxis kommt das aber eher selten vor.

Noch aus einem zweiten Grund sollten Sie Ihre Aktien niemals allein aufgrund der Dividendenrendite aussuchen: Diese Kennzahl ist nicht nur hoch, wenn die Dividende hoch ist. Sondern auch dann, wenn der Kurs niedrig ist – denn der steht bei der Berechnung im Nenner. Auf diese Weise besteht die Gefahr, sich kurslahme Aktien ins Depot zu holen, wenn man nur auf die Dividendenrendite schielt. Deshalb unbedingt zusätzlich KGV und vor allem auch die »weichen« Kriterien betrachten, die wir Ihnen im nächsten Abschnitt vorstellen.

Wichtig: Wenn Sie eine Aktie schon gekauft haben, dann errechnen Sie die Dividendenrendite lieber selbst anhand des Kaufkurses statt des aktuellen Aktienkurses. Sie nehmen die Dividende, teilen diese durch Ihren Kaufkurs und multiplizieren das Ergebnis mit 100 Prozent. Bei soliden Werten werden Sie schnell feststellen: Ihre persönliche Dividendenrendite wird im Laufe der Zeit immer höher.

Weitere Value-Auswahlkriterien, die enorm hilfreich sind

Der Blick auf die Zahlen allein kann trügen. Denn bei der Aktienauswahl kommt es auch darauf an, die Zukunftschancen eines Unternehmens zutreffend zu beurteilen. Hier ist Ihr gesunder Menschenverstand gefragt – und eine Reihe weiterer Auswahlkriterien, die Ihnen bei der Aktienauswahl helfen.

Das wichtigste Auswahlkriterium: der Burggraben

Am Anfang dieses Kapitels haben wir die Erfolgsbilanz von Warren Buffett mit seiner Beteiligungsgesellschaft Berkshire Hathaway gezeigt. Entscheidend für den Erfolg sind nicht einzelne Top-Jahre, sondern viele relativ gute Jahre und nur sehr wenige Verlustjahre. Unternehmen aus dem Berkshire-Portfolio geraten auch in Konjunkturstürmen erfahrungsgemäß nur selten in schwere Seenot (ganz anders sieht es in unstrukturierten Aktiendepots aus). Das ist auch kein Zufall: Buffett und auch Munger suchen für das Berkshire-Portfolio ganz gezielt Unternehmen aus, die eine Art Burggraben besitzen. Das Unternehmen ist stark wie eine mächtige Burg und besitzt zum Schutz einen nahezu unüberwindbaren Burggraben. Die Konkurrenz, die die Burg erobern will, scheitert bereits an diesem Graben. Wie kann ein solcher Graben aussehen? Es gibt – je nach Geschäftsmodell – ganz unterschiedliche Varianten. Einige Beispiele:

> ➤ **Die Macht der Marke:** Wenn man an Brauselimonade denkt, denkt man fast automatisch an Coca-Cola. Auf der Berkshire-Hauptversammlung 2012 sagte Buffett über seine Depotposition Coca-Cola: »Sie können mir 10, 20 oder 30 Milliarden Dollar geben, um Coca-Cola vom Sockel zu stoßen, und ich würde es nicht schaffen.« Eine starke Marke ist isoliert betrachtet jedoch noch kein Value-Kriterium. Ein Burggraben wird daraus erst dann, wenn die Marke einen messbaren Wert bringt. Der Analyst Michael Mauboussin hat das wie folgt formuliert: »Marken an und für sich bedeuten noch keine Vorteile. Marken bringen nur dann einen höheren Wert, wenn sie die Zahlungsbereitschaft der

Kunden erhöhen oder die Kosten für das Anbieten von Produkten und Dienstleistungen verringern.«

➤ **Patente:** Besitzt ein Unternehmen wichtige Patente, die nicht umgangen werden können, ist auch das ein wirksamer Burggraben. Das gilt besonders in Branchen wie Pharma oder Technologie.

➤ **Der Größenvorteil:** Auch Größe kann – auf ganz unterschiedliche Art und Weise – ein mächtiger Burggraben sein. Große Stückzahlen können oft deutlich günstiger produziert werden als kleine Stückzahlen. In der Werbung kann ein Großkonzern günstige Werbezeiten einkaufen. Und viele Kunden setzen auf Unternehmen, die ihre Dienstleistungen weltweit überall anbieten.

Im Idealfall erfüllt ein Value-Unternehmen gleich mehrere dieser Burggrabenkriterien.

Die Dividende und Dividendenhistorie

Beim Thema »Gewinnen mit Aktien« denken die meisten Börseneinsteiger an Kursgewinne. Das Motto lautet: »Ich kaufe eine Aktie für 10 Euro und verkaufe sie später für 20 Euro. Die Differenz ist mein Gewinn.« Diese Kursgewinne sind in der Tat eine wichtige Säule der Aktienanlage. Es gibt aber noch eine zweite wichtige Säule: die Dividende. Was eine Dividende ist und wie die Dividendenrendite berechnet wird, wissen Sie bereits. Jetzt wollen wir Ihnen auch noch zeigen, welche (Rendite-)Macht die Dividende besitzt.

Blicken wir auf den deutschen Leitindex DAX. Den DAX gibt es in zwei Varianten: Der DAX-Kursindex beinhaltet nur die Kursentwicklung der 30 DAX-Werte, der DAX-Performanceindex zusätzlich die gezahlten Dividenden der Unternehmen. Der DAX-Kursindex ist von 1988 (Index-Start) bis heute (Stand September 2017) von 1000 auf 5750 Punkte gestiegen. Das ist mit einer Rendite von gut 6 Prozent pro Jahr gut, aber es geht noch viel besser. Der DAX-Performanceindex ist von 1988 bis heute (Stand September 2017) von 1000 auf 12 200 Punkte gestiegen und erreichte damit ein Jahresplus von fast 9 Prozent.

Noch extremer wird der Renditeunterschied, wenn Sie nicht nur den Gesamtindex betrachten (es gibt immer auch Indexwerte, die keine oder nur geringe Dividenden ausschütten), sondern Aktien unter die Lupe nehmen, die über lange Zeiträume stetig steigende Dividenden ausschütten und so die treuen Aktionäre belohnen.

Nehmen wir exemplarisch das in diesem Buch bereits erwähnte Unternehmen Nestlé unter die Dividenden-Lupe. Die Schweizer sind der weltweit größte Nahrungsmittelkonzern und damit alles andere als ein Geheimtipp. Wenn Sie das Glück hatten, dass Ihre Eltern oder Großeltern auf Aktien gesetzt und Ihnen ein paar Nestlé-Aktien vererbt haben, können Sie sich über ein schönes Zusatzeinkommen freuen. Im Jahr 1959 kostete eine Nestlé-Aktie 1,36 Schweizer Franken. Im April 2017 hat Nestlé für das Geschäftsjahr 2016 eine Dividende von 2,30 Franken je Aktie ausgeschüttet. Wer also im Jahr 1959 für 10 000 Franken Nestlé-Aktien gekauft hat, bekam in diesem Jahr eine Ausschüttung von knapp 17 000 Franken. Die Dividendensumme eines einzigen Jahres übertrifft heute deutlich das ursprüngliche Investitionsvolumen – und die Ausschüttung steigt von Jahr zu Jahr. In den vergangenen 20 Jahren hat Nestlé jedes Jahr die Dividende erhöht.

Das Beispiel mit dem Einstiegszeitpunkt im Jahr 1959 ist ein Extremfall, aber auf Sicht von zehn Jahren sind bei starken Dividendenwerten bis zu zweistellige Renditen möglich. Wer vor zehn Jahren beispielsweise Aktien von Nestlé gekauft hat, kam im Jahr 2017 auf eine Dividendenrendite von 4,74 Prozent. Bei Coca-Cola waren es 6,33 Prozent. Eine vergleichbare Steigerung der Dividendenrenditen dürfen Sie auch bei den fünf Aktien erwarten, die wir Ihnen im nächsten Abschnitt vorstellen.

Das Geheimnis der Dividenden ist relativ einfach: Erfolgreiche Unternehmen steigern regelmäßig ihre Dividendenausschüttung. Da der von Ihnen einmal bezahlte Kaufkurs (Einstiegskurs) immer gleich bleibt, die Dividende aber regelmäßig steigt, wird auch Ihre persönliche Dividendenrendite immer größer. Liegt die Dividendenrendite beim Kauf vielleicht noch bei »nur« 2 bis 3 Prozent, werden daraus mit den Jahren 5, 7 und auch über 10 Prozent Rendite pro Jahr. Wenn Sie Ihre Auswahl mit dividendenstarken Aktien über Jahrzehnte einfach laufen lassen, können die Ausschüttungen später die Basis für Ihre persönliche Zusatzrente bilden.

Wichtig dabei: Die erhaltenen Dividenden sollten nicht »tot« auf dem Verrechnungskonto liegen, sondern regelmäßig reinvestiert werden. Diese einzeln oft kleinen Ausschüttungen eignen sich wunderbar, um einen Sparplan zu »füttern«. Wie ein Aktiensparplan funktioniert, lesen Sie in Kapitel 9 dieses Buches.

Unsere Empfehlung: fünf Dividenden-Stars aus fünf unterschiedlichen Ländern und Branchen

Am Ende dieses Kapitels stellen wir Ihnen kurz und bündig fünf Unternehmen aus fünf unterschiedlichen Ländern und Branchen vor, die in den vergangenen Jahren mit einer positiven Dividendenpolitik überzeugen konnten. Mit der breiten Mischung wollen wir Länder-, Branchen und Währungsrisiken durch die Streuung minimieren.

➤ **Roche Holding** (WKN: 855167; ISIN: CH0012032048): Das Schweizer Pharmaunternehmen ist weltweit führend in der Krebsforschung. Roche hat in den vergangenen 30 Jahren jedes Jahr die Dividende erhöht.

➤ **3M** (WKN: 851745; ISIN: US88579Y1010): Der US-amerikanische Mischkonzern stellt über 50 000 unterschiedliche Pro-
  dukte her und besitzt mehr als 25 000 Patente.

➤ **Reckitt Benckiser** (WKN: A0M1W6; ISIN: GB00B24CGK77):
  Hierbei handelt es sich um einen weltweit führenden Hersteller
  von Reinigungsmitteln und Haushaltswaren. Reckitt Benckiser hat
  in den vergangenen 14 Jahren jedes Jahr die Dividende erhöht.

➤ **L'Oréal** (WKN: 853888; ISIN: FR0000120321): Das ist der
  größte Kosmetikhersteller der Welt. L'Oréal hat in den vergangenen 34 Jahren jedes Jahr die Dividende erhöht.

➤ **Fuchs Petrolub** (WKN: 579043; ISIN: DE0005790430): Das
  familiengeführte Unternehmen aus der zweiten deutschen Börsenreihe, dem MDAX, ist der größte unabhängige Schmierstoff-
  hersteller der Welt. Fuchs Petrolub hat in den vergangenen 15
  Jahren jedes Jahr die Dividende erhöht.

Abschließender Hinweis

In diesem Kapitel konnten Sie lesen, welche Renditen mit Aktien
möglich sind (Kursgewinne und Dividenden). Aus unserer Sicht
sind Aktien ein wichtiger Vermögensbaustein für Privatanleger.
Das bedeutet jedoch nicht, dass Sie die Risiken aus dem Auge
verlieren sollten. Daher die dringende Empfehlung: Investieren
Sie nur Geld in Aktien, das Sie auch für einige Jahre entbehren
können!

Diese kurze Einführung in das Thema Value-Investing macht Sie
zudem noch nicht zu einem Aktienprofi. Sie konnten aber überprüfen, wie erfolgreich die Strategie in der Vergangenheit war,

wie das geistige Gerüst aussieht und welche Kriterien eine Value-Aktie erfüllen sollte. Wenn Sie dieser Investitionsansatz überzeugt, sollten Sie sich vertieft in die Materie einarbeiten, um eigenständig Aktien auswählen zu können. Zum Abschluss dieses Kapitels daher noch einige Literaturtipps zu Benjamin Graham, Warren Buffett, Charlie Munger und allgemein zum Thema Value-Investing:

➤ Lawrence A. Cunningham: *Die Essays von Warren Buffett*

➤ Jeremy Miller: *Warren Buffetts fundamentale Investment Geheimnisse*

➤ Alice Schroeder: *Warren Buffett – Das Leben ist wie ein Schneeball*

➤ Tren Griffin: *Charlie Munger – Ich habe dem nichts mehr hinzuzufügen*

➤ Benjamin Graham: *Intelligent Investieren*

➤ Benjamin Graham u. David L. Dodd: *Die Geheimnisse der Wertpapieranalyse*

➤ John Mihaljevic: *Das Value Investing Handbuch*

Aber nicht vergessen: Falls Sie nicht vorhaben, zum Aktienprofi zu werden, gibt es mit Aktien-ETFs oder aktiv gemanagten Aktienfonds auch eine sehr empfehlenswerte Alternative zum Investment in Einzelaktien. Für alle drei Kategorien, Aktien, Aktienfonds und Aktien-ETFs, empfiehlt sich, ebenso wie für Mischfonds, der Einstieg via Sparplan, weil sich so die Einstiegskurse optimieren lassen. Lesen Sie gleich im nächsten Kapitel, wie das funktioniert.

KAPITEL 9 –
AKTIEN-, FONDS- UND ETF-SPARPLÄNE – SO UMGEHEN SIE ELEGANT DAS TIMING-PROBLEM

Theoretisch könnten Sie auf einen Schlag den ganzen Batzen Geld in eine Aktie, einen aktiv geführten Fonds oder ETF stecken. Das Problem ist nur: Es ist vorab völlig unklar, ob Sie dabei einen günstigen Einstiegstermin erwischen. Das wäre zwar weniger tragisch, wenn Sie Ihr Geld 20 oder 30 Jahre investiert lassen. Ärgerlich wäre ein Einstieg zu (vorläufigen) Höchstkursen aber doch, wenn Sie nur einen Anlagehorizont von beispielsweise 3 oder 5 Jahren hätten. Zum Glück lässt sich bei vielen Aktien, Fonds und ETFs dieses sogenannte Timing-Problem, also das Problem, den richtigen Einstiegszeitpunkt zu wählen, elegant umgehen: mit einem Sparplan.

Ratenkauf ermöglicht günstige Einstiegskurse

Bei einem Sparplan kaufen Sie Ihre Aktien, Ihre Fonds- oder ETF-Anteile nicht auf einmal, sondern in gleichbleibenden Raten nach und nach. Angenommen, Sie wollen 4000 Euro investieren und als Notfallreserve 1000 Euro auf dem Tagesgeldkonto belassen: Dann lassen Sie sich doch einfach ein Jahr Zeit dafür und kaufen Sie Fonds- oder ETF-Anteile für monatlich 333 Euro. Sie können sich auch zwei Jahre Zeit nehmen und 24 Vierteljahresraten à 167 Euro via Sparplan investieren. Sie profitieren auf diese Weise vom sogenannten Durchschnittskosteneffekt (Cost Average Effect). Konkret bedeutet das: Im Durchschnitt erhalten Sie über alle Raten einen vergleichsweise günstigen Einstiegspreis.

Das Ganze müssen Sie sich vorstellen wie beim Tanken. Angenommen, Sie tanken immer für den gleichen Betrag, zum Beispiel genau

30 Euro. Ist der Sprit gerade günstig, dann können Sie sich von diesen 30 Euro mehr Liter in Ihren Tank füllen als zu Zeiten, da die Ben-
zinpreise in die Höhe geklettert sind. Der ganze Trick besteht darin,
dass Sie den Betrag exakt vorgeben, zu dem getankt wird.

Bei Sparplänen »tanken« Sie Aktien-, Fonds- oder ETF-Anteile für
immer die gleiche Sparrate. Und auch hier gilt: Ist der Kurs gerade
hoch, dann werden eben wenige gekauft. Ist er dagegen aktuell niedrig, dann können Sie sich für Ihre festgelegte Sparrate entsprechend
mehr kaufen. Hier ein Musterbeispiel für Sie:

Aktueller Preis je Fondsanteil/ Aktie in Euro	Monatliche Sparrate in Euro	Fondsanteile je Rate	Anteile/ Aktien gesamt	Gesamteinzahlungen in Euro	Gesamtwert in Euro
100	100	1	1	100	100
66	100	1,5	2,5	200	165
80	100	1,25	3,75	300	300
50	100	2	5,75	400	287,5
66	100	1,5	7,25	500	478,5
80	100	1,25	8,5	**600**	**680**

Tabelle 9.1: Wie sich der Durchschnittskosteneffekt auswirkt

Sechs Monate lang zahlen Sie jeden Monat 100 Euro in einen Fonds-
Sparplan ein. Am Ende haben Sie 600 Euro eingezahlt und besitzen
Fondsanteile im Wert von 680 Euro.

Wir betrachten in diesem Rechenbeispiel einen Sparzeitraum von
sechs Monaten. In dieser Zeitspanne schwanken die Kurse je Fonds-
anteil zwischen 50 und 100 Euro. In einer solch schwankungsstarken
Phase wäre es pures Glück, wenn Sie mit einer einzigen großen Investition den Tiefstkurs erwischen würden. Das wäre »Zockerei«. Mit

den monatlichen Sparraten umgehen Sie dagegen das Timing-Problem. Anhand der Zahlen in den beiden rechten Spalten erkennen Sie, dass der Cost Average Effect keine Gewinngarantie bietet (in einigen Monaten liegt Ihr Depotwert unter der eingezahlten Summe). Doch nach einiger Zeit erreichen Sie fast zwangsläufig die Gewinnzone, weil Sie in schlechten Börsenphasen viele Anteile erworben haben und in teuren Börsenzeiten nur wenige. In diesem Beispiel haben Sie nach sechs Monaten 600 Euro investiert und besitzen Fondsanteile im Wert von 680 Euro. Das ist bereits ein zweistelliger Gewinn.

Der Faktor Zeit ist an der Börse Ihr größter Freund

Ein Sparplan mit einer Monatsrate von 100 Euro klingt für einige Leser vielleicht etwas langweilig. Das hört sich nach »Kleckerbeträgen« an. Doch unterschätzen Sie dabei den Faktor Zeit nicht! Selbst kleine Beträge werden langfristig – mit der passenden Rendite – zu einem ansehnlichen Vermögen. Wir haben für Sie eine Modellrechnung mit verschiedenen Anlagezeiträumen und Renditen erstellt.

Jahre	6 Prozent Rendite	8 Prozent Rendite	10 Prozent Rendite
5	6984 Euro	7345 Euro	7717 Euro
10	16 331 Euro	18 137 Euro	20 146 Euro
15	28 838 Euro	33 994 Euro	40 162 Euro
20	45 577 Euro	57 294 Euro	72 399 Euro
25	67 958 Euro	91 484 Euro	124 315 Euro
30	97 953 Euro	141 831 Euro	211 529 Euro

Tabelle 9.2: Diese Gewinne erzielen Sie mit einer monatlichen Einzahlung von nur 100 Euro in einen Sparplan

Wer fünf Jahre lang 100 Euro pro Monat in einen Aktien(fonds)-Sparplan einzahlt und dabei eine Rendite von 8 Prozent pro Jahr er-

reicht (das ist die historische Durchschnittsrendite der meisten großen Aktienmärkte), kommt am Ende auf 7345 Euro, von denen er
6000 Euro selbst eingezahlt hat. Wer das 30 Jahre bis zur Rente
durchhält, kann sich über ein »Ruhestandsgeld« von über
140 000 Euro freuen, von denen er lediglich 36 000 Euro selbst eingezahlt hat. Auch kleine Summen ergeben ein ansehnliches Vermögen, wenn die Zeit für den Sparer arbeitet.

Wie Sie sehen: Sparpläne sind lukrativ. Einzige Voraussetzung für die
Einrichtung: Die Aktie, der Fonds oder der ETF Ihrer Wahl muss
sparplanfähig sein.

Sparplanfähigkeit – was ist das?

Sparplanfähig ist eine Aktie, ein Fonds oder ein ETF dann, wenn
der Kauf von Bruchteilen möglich ist. Wenn Sie Ihre Sparrate (zum
Beispiel 200 Euro) durch den Fondsanteilskurs teilen, dann erhalten Sie in den seltensten Fällen eine glatte Zahl. Fast immer werden
Sie auf Nachkommastellen kommen. Ob Sie beispielsweise 0,7
oder 1,3 Aktien- oder Fondsanteile auch wirklich kaufen können,
entscheidet wahlweise die Depotbank oder die Fondsgesellschaft.

So richten Sie einen Sparplan ein

Um einen Sparplan einzurichten, brauchen Sie zunächst eines: ein
Wertpapierdepot. Das lässt sich ganz einfach bei einer Depotbank,
auf Neudeutsch auch Broker genannt, einrichten. Idealerweise wählen Sie eine Direktbank, dann können Sie Ihre Fonds- bzw. ETF-
Käufe online durchführen. Ob Consorsbank (www.consorsbank.de),
comdirect (www.comdirect.de), ING Diba (www.ing-diba.de),
1822direkt (www.1822direkt.de), S-Broker (www.sbroker.de), Fla-

tex (www.flatex.de), DKB (www.dkb.de), maxblue (www.maxblue.de) oder Onvista-Bank (www.onivsta-bank.de): Sie alle bieten kostenfreie oder kostengünstige Depots an und alle ermöglichen außerdem die Einrichtung eines Fonds- oder ETF-Sparplans. Aktien-Sparpläne mit der Möglichkeit, auch Bruchteile von Aktien zu erstehen, bieten dagegen nur Consorsbank, ING Diba, Comdirekt und Maxblue an (Stand August 2017). Schauen Sie sich vorher die Liste sparplanfähiger Aktien an – nicht überall sind all unsere Empfehlungen zu haben. Die größte Auswahl hat die Consorsbank.

Depoteröffnung leicht gemacht

Eine Anleitung zur Eröffnung Ihres Depots finden Sie auf der Internetseite des jeweiligen Brokers. Die dazu nötigen Unterlagen können Sie sich kostenfrei zusenden lassen. In der Regel ist ein Gang zur nächsten Postfiliale nötig, um sich via Postident-Verfahren mit Personalausweis und Unterschrift zu legitimieren. Dann bekommen Sie von der betreffenden Bank die Zugangsdaten für Ihr Online-Depot per Post zugeschickt. Zum Depot gehört auch stets ein sogenanntes Verrechnungskonto, über das Wertpapierkäufe und -verkäufe abgewickelt werden. Auf diesem Konto werden beispielsweise laufend anfallende Zinsen, Dividenden oder Fondsausschüttungen gutgeschrieben.

Ein Wort zur Einlagensicherung bei Depotbanken

Auch bei Depotbanken stellt sich die Frage nach der Einlagensicherung. Hierzu müssen Sie wissen: Das Depot mit all den Wertpapieren, die Sie gekauft haben, unterliegt selbst nicht der Einlagensicherung. Das ist aber auch gar nicht nötig. Denn die Wertpapiere sind Ihr Eigentum und die Depotbank fungiert lediglich als Treuhänder. Bei einer Bankeninsolvenz haben Sie einen Anspruch auf Herausgabe dieser Wertpapiere – kein Gläubiger der Depotbank hat darauf Zugriff. Daher stellt sich die Frage nach der Einlagensicherung nur beim Verrechnungskonto, das zum Depot gehört.

Nach Wertpapierverkäufen können dort durchaus größere Summen
geparkt bzw. zwischengelagert sein. Auch wenn die Ausschüttungen
mehrerer Jahre zusammenkommen, ergibt sich mitunter ein erkleckli-
ches Sümmchen. Daher sollten Sie möglichst ein Institut nehmen, das
der deutschen, niederländischen oder französischen Einlagensicherung angehört. Das schließt zum Beispiel Lynx Broker und Interactive
Brokers aus, zwei Depotbanken, die dem britischen Einlagensicherungssystem angehören. Alle im vorigen Abschnitt genannten Depotbanken erfüllen dagegen die Mindestanforderungen an eine verlässli-
che Einlagensicherung. Bei Flatex reicht die Absicherung allerdings
nur bis zu den gesetzlich vorgeschriebenen 100 000 Euro – das müssen Sie wissen, falls Sie irgendwann größere Beträge anlegen.

Jetzt wird's konkret: So »basteln« Sie sich Ihren Sparplan

Wenn Sie sich auf der Internetseite Ihres Brokers eingeloggt haben,
dann finden Sie dort meistens eine Schaltfläche »Wertpapierspar-
plan«, »Aktiensparplan«, »Fondssparplan«, »ETF-Sparplan«, »Sparplan einrichten« oder Ähnliches. Mit einem Klick darauf öffnet sich
ein Eingabeformular, in das Sie alle dafür nötigen Daten eintragen:

➤ die **Wertpapierkennnummer (WKN)** oder **International Secu-
    rities Identification Number (ISIN)** der Aktie, des Fonds oder
    ETFs, den Sie via Sparplan besparen möchten. WKN oder ISIN
    sind Zahlen-Buchstaben-Kombinationen, mit denen ein Wertpa-
    pier eindeutig und unverwechselbar gekennzeichnet ist.

➤ die **Sparrate**, die Sie regelmäßig investieren möchten. Wählen
    Sie diese nicht zu klein, zumindest dann nicht, wenn Ihr Broker
    für jeden Kauf fixe Gebühren erhebt. Sind das beispielsweise
    2,50 Euro, würden Sie bei einer Rate von 25 Euro mit einem Mi-
    nus von 10 Prozent starten. Wenn Sie dagegen gleich 100 Euro

sparen, dann verringert sich dieses gebührenbedingte Minus auf 2,5 Prozent – das ist schon eher akzeptabel. Ideal ist aber ein Broker, der ausschließlich eine prozentuale Gebühr erhebt (z. B. 1 bis 2 Prozent von der Sparrate).

➤ das **Zeitintervall**, in dem Sie die jeweilige Sparrate investieren möchten. Hier sind Sie keinesfalls auf eine monatliche Sparweise festgelegt. Sie können auch viertel- oder halbjährlich sparen. Wir empfehlen ein monatliches oder vierteljährliches Intervall.

➤ das **Referenzkonto**, von dem die Sparrate zwecks Aktien-, Fonds- oder ETF-Kauf abgebucht werden soll. Normalerweise werden Wertpapierkäufe stets vom Verrechnungskonto aus getätigt, das zu Ihrem Depot gehört. Voraussetzung dafür ist natürlich, dass darauf genug Geld liegt, sodass es für das gewünschte Wertpapier in der gewünschten Stückzahl reicht. Bei einem Sparplan wäre das allerdings unpraktisch. Denn Sie müssten ja jedes Mal, bevor die nächste Rate investiert werden soll, Geld auf das Verrechnungskonto überweisen. Damit Ihnen dieses umständliche Vorgehen erspart bleibt, können Sie ganz einfach ein Konto angeben, von dem Ihre Sparrate abgebucht werden soll. Das wird in der Regel ein Girokonto sein, aber auch manche Tagesgeldkonten bieten die Möglichkeit einer Abbuchung. Hier geben Sie also die betreffende IBAN, und falls danach gefragt wird, auch die BIC ein. Selbstverständlich darf dieses Konto auch bei einer anderen Bank liegen.

Ihr Vorteil: wenig Aufwand und enorme Flexibilität

Ist ein Sparplan erst eingerichtet, läuft er von selbst. Sie brauchen sich um nichts mehr zu kümmern: Die Depotbank bucht die Sparrate vom angegebenen Referenzkonto ab und kauft dafür Aktien, Fonds- oder ETF-Anteile zum aktuellen Kurs. Sie sollten lediglich überwachen, dass auf besagtem Referenzkonto genügend Geld liegt. Falls Sie Ihr Girokonto angegeben haben, dann holen Sie sich von Zeit zu Zeit das entsprechende Geld vom Tagesgeldkonto zurück – schließlich wollen Sie zunächst lediglich 10 000 Euro anlegen und nicht mehr.

Das Schöne an einem Sparplan ist: Ihre Eingaben sind nicht in Stein gemeißelt. Sie können jederzeit ändern oder rückgängig machen, was Sie einst eingegeben haben. Angenommen, Sie wollen lieber in einen Euro Stoxx 50-ETF investieren als in einen DAX-ETF – dann ändern Sie das Wertpapier und geben eben die WKN oder ISIN Ihres neuen ETF-Favoriten ein. Auch Sparrate und Sparintervall lassen sich problemlos anpassen. Wenn Sie also beispielsweise 200 statt 100 Euro investieren wollen – kein Problem! Wenn Sie monatlich statt vierteljährlich sparen möchten – auch kein Problem!

Und schließlich können Sie einen Sparplan auch ganz aussetzen, wenn Sie ansonsten in akute Finanznöte geraten sollten. Anders etwa als bei einem Banksparplan oder einer Kapitallebensversicherung sind Sie nicht verpflichtet, über eine bestimmte Laufzeit hinweg die einmal festgelegten Sparraten regelmäßig einzuzahlen. Selbst ein Verkauf der bereits gekauften Wertpapiere ist jederzeit möglich – ganz oder auch teilweise.

Aber aufgepasst: Wir empfehlen Ihnen die Aussetzung der Sparraten und den Verkauf von Fondsanteilen wirklich nur im Notfall! Denn Sie wissen ja: Eines der wichtigsten Erfolgsrezepte für eine rentable Geldanlage an der Börse ist die Zeit. Nur bei genügend Zeit kann sich die Wirkung des Zinseszinseffektes entfalten. Wer sich zu wenig Zeit nimmt, der riskiert Verluste oder doch mindestens Renditeeinbußen. Unsere Empfehlung lautet daher: Lassen Sie einen bereits eingerichteten Sparplan erst einmal laufen, und ändern Sie nichts an der Sparrate und dem Sparintervall. Dann profitieren Sie vom Durchschnittskosteneffekt und vom Anstieg der Kurse, der sich bei allen Schwankungen erfahrungsgemäß an den Börsen langfristig vollzieht.

Kapitel 10 –
Zuschüsse und Fördermittel – wie sich Ihre 10 000 Euro zusätzlich aufstocken lassen

Sie selbst mögen lediglich 10 000 Euro für die Geldanlage erübrigen können – das heißt aber noch lange nicht, dass es bei diesen 10 000 Euro bleiben muss. Haben Sie schon mal darüber nachgedacht, wo Sie noch zusätzliches Geld für den langfristigen Vermögensaufbau herbekommen? Im Zusammenhang mit Fondssparplänen sind vor allem zwei Möglichkeiten interessant: vermögenswirksame Leistungen und die Arbeitnehmersparzulage. Dank dieser Möglichkeiten können Sie Ihre jährliche Rendite problemlos um rund 5 Prozent steigern. Sie bekommen insgesamt bis zu 560 Euro pro Jahr geschenkt, wenn Sie sich nur die Mühe machen, alles in die Wege zu leiten.

Vermögenswirksame Leistungen: pro Jahr bis zu 480 Euro vom Arbeitgeber geschenkt

Auf vermögenswirksame Leistungen (abgekürzt VL) haben Sie womöglich Anspruch, wenn Sie Arbeitnehmer, Auszubildender, Beamter oder auch Soldat sind. Vielleicht hat sich Ihr Arbeitgeber oder Dienstherr per Tarifvertrag, Betriebsvereinbarung oder auch in Ihrem individuellen Arbeitsvertrag verpflichtet, einen VL-Beitrag zu Ihrem Vermögensaufbau zu leisten. Zwischen 14 und 40 Euro pro Monat können das sein, insgesamt also mindestens 168 Euro und maximal 480 Euro pro Jahr. Ob Sie einen Anspruch haben, erfahren Sie ganz einfach durch Nachfrage in der Personalabteilung oder beim Betriebs- bzw. Personalrat.

Dieses Geldgeschenk ist für Sie nur an zwei Auflagen gebunden, die sich leicht erfüllen lassen. Erstens: Es muss in einen Sparvertrag eingezahlt werden, den der Arbeitgeber für Sie abschließt. Zweitens: In diesen Sparplan müssen sechs Jahre lang monatliche Raten eingezahlt werden. Ein weiteres Jahr müssen Sie warten, bis Sie über das Geld verfügen können. Insgesamt ist das eingezahlte Geld somit für sieben Jahre gebunden, ohne dass Sie darauf zugreifen können. Übrigens können Sie schon im siebten Jahr, dem Wartejahr, einen neuen VL-Sparplan abschließen und somit nahtlos weitersparen. Dann entgeht Ihnen auch der geschenkte Zuschuss vom Arbeitgeber nicht.

Zur Auswahl stehen Banksparpläne, Bausparverträge und Fondssparpläne. Theoretisch könnten Sie das VL-Geld vom Arbeitgeber auch benutzen, um einen laufenden Baukredit zu tilgen. Da es in diesem Buch aber um Geldanlage und Vermögensaufbau geht, legen wir Ihnen einen Aktienfondssparplan als langfristig rentabelste Geldanlage besonders ans Herz. Denn Banksparpläne und Bausparverträge werfen nur sehr geringe Zinsen ab und sind daher denkbar unattraktiv. Sie müssen sich nicht zwangsläufig für einen Sparplan auf einen aktiv gemanagten Aktienfonds entscheiden, es darf auch ein kostengünstiger ETF-Sparplan sein. Empfehlungen hierzu finden Sie am Schluss dieses Kapitels.

Die größte Auswahl und die geringsten Kosten haben Sie, wenn Sie zur Eröffnung Ihres VL-Depots über einen sogenannten Fondsvermittler gehen.

Fondsvermittler nutzen!

Selbst wenn Sie schon ein Depot bei einem bestimmten Broker haben – für Fondssparpläne und ganz besonders für VL-Fondssparpläne lohnt sich mitunter die Eröffnung eines neuen Depots

über den Umweg eines Fondsvermittlers. Das sind spezielle On-
line-Unternehmen, die mit diversen Fondsgesellschaften und auf
Fonds spezialisierten Depotbanken Vereinbarungen über Nach-
lässe bei Transaktionskosten und Fondsgebühren getroffen haben. Auf diese Weise können Sie die vermögenswirksamen Leistungen vom Arbeitgeber vergleichsweise günstig anlegen oder
bekommen sogar ETFs als VL-Sparplan, die von der Fondsgesellschaft selbst gar nicht als VL-fähig eingestuft wurden. So sparen
Sie Geld und haben eine große Auswahl an Fonds. Wenn Sie auf
einen aktiv gemanagten Fonds setzen möchten, verzichten Fondsgesellschaften, die mit solchen Fondsgesellschaften kooperieren,
zudem häufig teilweise oder ganz auf den Ausgabeaufschlag, also
die Kaufgebühr. Diese kann ansonsten bis zu 5,5 Prozent der investierten Summe betragen. Bei ETFs besteht der Vorteil weniger in der Ersparnis als vielmehr darin, dass Sie auch nicht VL-
fähige ETFs als VL-Sparplan anlegen können. Hier eine Auswahl
solcher Fondsvermittler (und der Link zu den Informationen
über vermögenswirksame Leistungen):

➤ AVL Investmentfonds (www.avl-investmentfonds.de)

➤ FondsDISCOUNT (www.fondsdiscount.de)

➤ FondsClever (www.fondsclever.de)

➤ Fondsvermittlung24 (www.fondsvermittlung24.de)

➤ finvesto (www.finvesto.de)

> ➤ 4free.de (https://4free.de)

> ➤ Fondssupermarkt (http://www.fonds-super-markt.de)

Über die Internetseite solcher Fondsvermittler können Sie
sich aus einer kleinen Auswahl spezialisierter Depotbanken
Ihren Favoriten aussuchen und dort ein spezielles Fondsde-
pot eröffnen. Diese Depotbanken sind ohne Vermittler meist
gar nicht zugänglich, dazu gehören etwa ebase (European
Bank for Financial Services GmbH, gehört zur Comdirect
Gruppe), DWS (gehört zur Fondsgesellschaft der Deutschen
Bank), FFB (gehört zur Fondsgesellschaft Fidelity) oder die
Fondsdepot Bank.

Direkt nach der Eröffnung Ihres VL-Depots und der Einrichtung des
VL-Sparplans erhalten Sie vom Anbieter eine Bescheinigung, die Sie
Ihrem Arbeitgeber vorlegen. Dieser zahlt dann die vermögenswirksamen Leistungen direkt dort ein. Sie sollten nur wissen: Da diese Einzahlungen nicht von Steuern und Sozialversicherungen befreit sind,
wird der Arbeitnehmeranteil dieser Steuern und Sozialversiche-
rungsbeiträge von Ihrem Gehalt abgezogen. Das heißt, Ihr Nettoge-
halt verringert sich um einen einstelligen Eurobetrag. Das lässt sich
aber gut verschmerzen. Ebenfalls ist die kostenfreie Depotführung für
VL-Sparpläne die Ausnahme und nicht die Regel. Von Ihren 480 Euro müssen Sie also meistens rund 10 bis 15 Euro pro Jahr dafür bezahlen, einzelne Depotbanken verlangen auch eine Einmalgebühr
von 84 Euro. Das ist zwar ärgerlich, aber trotzdem erschwinglich.

Übrigens ist es durchaus ratsam, die Sparpläne, die Sie aus eigenen
Mitteln bestreiten, zu trennen von dem Sparplan, den Ihr Arbeitgeber
als vermögenswirksame Leistung für Sie abschließt. Denn bei Erste-
rem sind Sie flexibler: Sie müssen keine sieben Jahre warten, bis Sie
wieder über Ihr Geld verfügen können, sondern können im Notfall

auch früher darauf zugreifen. Und Sie können Sparrate, Sparintervall und die besparten Wertpapiere jederzeit ändern, was bei VL-Sparplänen nicht geht.

Falls Ihr Arbeitgeber weniger zahlt als 40 Euro, können Sie die Einzahlungen aus eigener Tasche auf diesen Maximalbeitrag von 40 Euro pro Monat aufstocken. Warum sollten Sie das tun? Ganz einfach: Weil es dann bis zu bestimmten Einkommensgrenzen noch zusätzliches Geld vom Staat gibt. Wenn Sie also Anspruch auf diese sogenannte Arbeitnehmersparzulage haben, dann lohnt sich die Aufstockung auf volle 40 Euro pro Monat. Dazu gleich mehr im nächsten Abschnitt.

Arbeitnehmersparzulage: pro Jahr bis zu 80 Euro zusätzlich vom Staat

Ihr zu versteuerndes Einkommen liegt brutto bei nicht mehr als 20 000 Euro pro Jahr? Oder als steuerlich zusammen veranlagtes Ehepaar müssen Sie nicht mehr als 40 000 Euro versteuern? Dann können Sie zusätzlich zu den vermögenswirksamen Leistungen vom Arbeitgeber auch noch eine Förderung vom Staat beantragen. Diese nennt sich »Arbeitnehmersparzulage« und beläuft sich auf 20 Prozent der VL-Summe und maximal 80 Euro pro Jahr. Lachen Sie jetzt nicht über diesen vermeintlichen Mini-Betrag. Denn die Arbeitnehmersparzulage zu beantragen, ist kinderleicht – und dafür jedes Jahr die Belohnung von bis zu 80 Euro einzustreichen, rentiert sich allemal. Übrigens ist es dem Finanzamt egal, ob die gesamte Einzahlung von 40 Euro pro Monat vom Arbeitgeber stammt oder nur ein Teil davon. Wenn Sie den Rest aus eigener Tasche bestreiten, dann erhalten Sie gleichwohl besagte 20 Prozent staatlicher Förderung – bis zur Höchstgrenze von 80 Euro.

Und so geht's: Auf dem Mantelbogen Ihrer Einkommensteuererklärung finden Sie ganz oben die Option »Antrag auf Festsetzung der Arbeitnehmersparzulage«. Diese Option kreuzen Sie an. Mit der Steuer-

erklärung schicken Sie dann einfach die Bescheinigung (»Anlage VL«)
mit, die Sie jährlich vom VL-Fondsanbieter erhalten. Auf diese Weise
überweist das Finanzamt die staatliche Förderung direkt an das Anlage-
institut. Voraussetzung ist aber, dass das vom Arbeitgeber oder von Ihnen selbst eingezahlte Geld auch wirklich mindestens sieben Jahre
(sechs Einzahlungsjahre und ein Wartejahr) angelegt bleibt.

Wichtig: Es zählt das zu versteuernde Einkommen

Verwechseln Sie das zu versteuernde Einkommen nicht mit dem
Bruttoeinkommen. Letzteres ist deutlich höher, weil das Finanzamt noch diverse Werbungskosten, Sonderausgaben, außerge-
wöhnliche Belastungen und Kinderfreibeträge berücksichtigt,
die allesamt das zu versteuernde Einkommen senken. Im Klartext
heißt das: Einen Anspruch auf Arbeitnehmersparzulage haben
häufig auch Menschen, die brutto deutlich mehr als 20 000 Euro
(40 000 Euro bei Ehepaaren) verdienen. Probieren Sie die Beantragung also ruhig aus, auch wenn Ihre Lohnabrechnung 30 000,
35 000 oder gar 40 000 Euro ausweist.

Unsere VL-Favoriten: ETF-Sparpläne auf DAX oder Euro Stoxx

Bei VL-Sparplänen sollten Sie es sich leicht machen. Am besten wählen Sie dafür einen Fonds, bei dem eine Schließung unwahrscheinlich ist und bei dem Sie keine bösen Überraschungen etwa durch einen Wechsel im Fondsmanagement erwarten und bei dem auch
Wechselkursschwankungen – etwa zum Schweizer Franken oder zum
US-Dollar – ausgeschlossen sind. Denn immerhin sind Sie sieben
Jahre lang an Ihren VL-Vertrag gebunden, und in sieben Jahren kann
viel passieren.

Deshalb zählen ausschließlich ETFs und keine aktiv gemanagten Investmentfonds zu unseren Favoriten in der Kategorie »vermögenswirksame Leistungen«. Empfehlenswert sind aus unserer Sicht vor
allem ETFs auf den DAX oder den Euro Stoxx 50. Diese sind für
den jeweiligen Index austauschbar, das heißt, wenn Ihr bevorzugter
Fondsvermittler etwa den ComStage DAX-ETF nicht im Rahmen eines VL-Sparplans anbietet, dann schauen Sie eben, ob Sie stattdessen den von iShares bekommen. Gleiches gilt auch für den Euro Stoxx 50, falls Sie lieber international, sprich in der gesamten Eurozone,
investieren möchten.

Name	WKN ISIN	Gesamtkostenquote TER p. a.	Anbieter (Beispiele)
ComStage DAX UCITS ETF I	ETF001 LU0378438732	0,08 %	FondsDISCOUNT, FondsClever, AVL-Investmentfonds, finvesto
db x-trackers DAX UCITS ETF (DR) 1C	DBX1DA LU0274211480	0,09 %	FondsDISCOUNT, FondsClever, AVL-Investmentfonds, finvesto
iShares Core DAX UCITS ETF	593393 DE0005933931	0,16 %	FondsDISCOUNT, FondsClever, AVL-Investmentfonds, finvesto
ComStage Euro Stoxx 50 UCITS ETF	ETF053 LU0392496930	0,35 %	FondsDISCOUNT, FondsClever, AVL-Investmentfonds
db x-trackers Euro Stoxx 50 UCITS ETF	DBX1EU LU0274211217	0,09 %	FondsDISCOUNT, FondsClever, AVL-Investmentfonds, finvesto
iShares Euro Stoxx 50	593395 DE0005933956	0,16 %	FondsDISCOUNT, FondsClever, AVL-Investmentfonds, finvesto

Kapitel 11 –
Robo-Advisors: computerbasierte
Geldanlage als lohnende Alternative?!

Die Lektüre dieses Buchs spricht dafür, dass Sie in Sachen Geldanlage nicht länger auf niedrig verzinste Sparformen setzen möchten. Womöglich tragen Sie sich erstmals ernsthaft mit dem Gedanken, Geld an der Börse anzulegen. Wie Sie Ihre 10 000 Euro aufteilen und in was Sie diese investieren können, haben Sie in den zurückliegenden Kapiteln erfahren. Es gibt aber theoretisch noch eine relativ neue Alternative zum selbst gebauten Depot, die sich derzeit Privatanlegern geradezu aufdrängt. Es handelt sich um sogenannte Robo-Advisors, auch Roboter-Berater genannt, mit denen derzeit viele Banken und Finanzdienstleister um die Gunst der Privatanleger werben. Robo-Advisors sind Computersysteme, die als eine Art Vermögensverwalter fungieren (zum Teil auch Managed Depots genannt). Die Macher der Robo-Advisors betonen zwei elementare Vorteile:

1. Robo-Advisors halten sich immer an regelbasierte Strategien.

2. Robo-Advisors kennen keine Emotionen, während beim Menschen die Börsentodsünden Gier und Angst häufig Fehlentscheidungen auslösen.

Interessant ist für Privatanleger, dass einige Robo-Advisors schon sehr kleine Summen verwalten und auch die Kosten mit durchschnittlich 0,8 Prozent Managementgebühr pro Jahr angemessen sind (teurer als Indexfonds, aber günstiger als aktiv geführte Fonds).

In Deutschland bieten bereits über 30 Robo-Advisors ihre Dienste an. Auch deutsche Großbanken wie Commerzbank und Deutsche Bank platzieren solche Angebote oder sind kurz vor dem Produktstart. Niemand aus der Finanzbranche will den Trend verschlafen.

Einige bekannte Anbieter am deutschen Markt im Überblick

➤ Quirion (www.quirion.de)

➤ Liqid (www.liqid.de)

➤ Scalable Capital (www.scalable.de)

➤ Ginmon (www.ginmon.de)

➤ Fintego (www.fintego.de)

➤ Whitebox (www.whitebox.eu)

➤ Vaamo (www.vaamo.de)

➤ Sutor Anlage-Lotse (www.sutorbank.de)

Die große Hoffnung in der Robo-Advisor-Branche: Durch den Einsatz künstlicher Intelligenz lässt sich die Qualität der automatischen Anlageberatung zukünftig immer weiter steigern. Die Managementberatung Oliver Wyman erwartet einen Siegeszug der digitalen Vermögensberatung und prognostiziert, dass Robo-Advisors bis 2021 weltweit bereits 1 Billion US-Dollar verwalten werden.

Die Vorteile für den Sparer liegen auf der Hand: einfach, relativ günstig, strategisch, zeitsparend. Dadurch, dass sich die Programme an festgelegte Strategien halten und außerdem regelmäßig ein automatisches Re-Balancing vornehmen, sind die Chancen groß, dass die Anlageergebnisse für den Kunden solide bis gut sein werden. Beim Re-Balancing werden die Anlageklassen im Depot in festen Abständen wieder auf die gewünschten Größen gebracht, zum Beispiel auf eine Aktienquote von maximal 50 Prozent. Dass diese Quote überschritten wird, ist durchaus wahrscheinlich, wenn die Kurse der im Depot enthaltenen Aktien gerade gut gelaufen sind.

Schwachpunkte: geringe Erfahrungswerte und Marktbereinigung

Robo-Advisors können zukünftig eine Bereicherung sein, doch als Anleger sollten Sie auch mögliche Schwachstellen beachten. Ein Risiko: Der Trend ist relativ jung, daher gibt es noch keinen langjährigen Praxistest, wie gut die Computerprogramme tatsächlich funktionieren und wie sie sich in Boom- und Crash-Phasen halten.

Zwar werden in der Finanzbranche bei Neuentwicklungen oft sehr aufwendige Rückwärtstests gestartet (das ist der Versuch, zu berechnen, wie sich ein bestimmtes System in der Vergangenheit geschlagen hätte). Doch viele Finanzinnovationen, die den Test erfolgreich gemeistert haben, sind dann in der Praxis trotzdem gescheitert oder haben zumindest keine zusätzliche Rendite gebracht.

Nicht jede Finanzinnovation besteht in der Praxis

Ein Beispiel aus der jüngeren Vergangenheit sind »Smart-Beta-Produkte«. Smart-Beta-Produkte sollten höhere Renditen bei kalkulierbaren Risiken bringen. Die Testläufe waren vielversprechend, doch die praktischen Ergebnisse konnten das oft nicht halten. Ein Vorwurf aus der Branche: Einige Anbieter von Smart-

Beta-Produkten hatten nie ein wirklich funktionierendes System, sondern wollten nur auf den Modetrend Smart Beta aufspringen und damit viel Geld einsammeln. Da beim Thema Robo-Advisor ebenfalls viel Geld im Spiel ist, müssen Sie auch hier mit Produkten rechnen, die eher ein Marketing-Gag sind und keine echte Substanz liefern. Leider ist in der Startphase selten klar, wer ein gutes System entwickelt hat und wer einfach nur ein Billigprodukt mit diesem klangvollen Namen am Markt platziert. Es fehlen die Erfahrungswerte.

Dieser Punkt leitet auch direkt die zweite Schwachstelle von Robo-Advisors ein: Schon jetzt gibt es in Deutschland über 30 Anbieter. In einigen Fällen sind das Tochterunternehmen von großen Finanzkonzernen, sehr oft aber auch Neugründungen, die vorab viel Geld bei Risikoinvestoren eingesammelt haben und jetzt auf den großen Durchbruch warten. In der Startphase wird jedoch Geld »verbrannt«. Die Gebühren der Kunden decken die Kosten bei Weitem nicht ab.

Das Risiko liegt hier auf der Hand: Es wird eine Marktbereinigung geben. Wenn die Investoren, die das junge Unternehmen mit Geld versorgt haben, erkennen, dass das Anlagevolumen der Kunden nicht reicht, um die Gewinnschwelle zu erreichen, wird irgendwann der Stecker gezogen. Diese Robo-Advisors verschwinden dann vom Markt. Das Geld der Sparer dürfte dann in den meisten Fällen nicht direkt in Gefahr sein, doch eine mögliche Pleite des Robo-Advisors wäre auf jeden Fall mit Ärger und Arbeit für den Sparer verbunden.

Ein größerer finanzieller Schaden könnte dann entstehen, wenn ein kleiner Robo-Advisor, der nicht genug Anlagegelder angezogen hat, um profitabel zu arbeiten, still und heimlich als letztes Mittel den Risikograd erhöht. Wenn zum Beispiel die Robo-Advisors durchschnittlich 7 Prozent Rendite pro Jahr erwirtschaften, könnten kleinere Anbieter versuchen, mit einem höheren Risiko auf 9 Prozent

Rendite pro Jahr zu kommen. Dann würden diese Robo-Advisors in vielen Performanceauswertungen medienwirksam nach oben rutschen und frisches Geld anlocken. Die Gefahr, die wir sehen: Es könnte – ohne dass es die Kunden wissen – zu einer Art Rendite-Wettrüsten der Anbieter kommen. Aber höhere Renditen sind immer auch mit höheren Risiken verbunden. Im nächsten Crash könnten dann die Verluste viel höher sein als ursprünglich beim Start des Programms geplant und beworben.

Wie dramatisch es enden kann, wenn in der Geldanlage aufgrund eines (scheinbar) perfekten Systems das Risiko erhöht wird, zeigt folgendes Beispiel, das beinahe eine globale Finanzkrise ausgelöst hätte.

LTCM-Krise: Auch Nobelpreisträger können sich irren

Der Hedgefonds Long-Term Capital Management (LTCM) hat traurige Berühmtheit erlangt: Mit einer unschlagbaren, auf festen Regeln basierenden Anlagestrategie sollten Milliardengewinne erwirtschaftet werden. Bis zur ersten großen Krise hat das auch funktioniert – doch dann implodierte das System. Der Hedgefonds LTCM wurde im Jahr 1994 von einem ehemaligen Spitzenbanker gegründet. Zur Verstärkung holte er sich mit Robert C. Merton und Myron Samuel Scholes gleich zwei Nobelpreisträger für Wirtschaftswissenschaften in sein Team. Zusammen entwickelten sie eine Anlagestrategie, die fast unschlagbar schien. Da die Strategie in den ersten Jahren auch sehr erfolgreich funktionierte – sicherlich auch aufgrund der sehr prominenten Namen –, wurden die Risiken unterschätzt. Der Fonds konnte mit einem kleinen Eigenkapitalanteil riesige Summen bewegen. Sicherheiten wurden kaum verlangt. So konnte der Fonds Derivate im Wert von 1,25 Billionen Dollar kontrollieren, also abgeleitete Wertpapiere, die beispielsweise die Kurse der zugrunde liegenden Aktienkurse hebeln.

Doch dann kam im Jahr 1998 die Russlandkrise. Plötzlich funktionierten die Märkte nicht mehr »rational« und »wie erwartet«. Da halfen auch die Modelle der Nobelpreisträger nicht mehr. Der Finanzmarkt stand plötzlich in Flammen. In einer bis dahin einmaligen Rettungsaktion versammelten sich die Vorsitzenden der großen internationalen Banken und schnürten ein Rettungspaket. Eine Finanzspritze in Milliardenhöhe verhinderte den Zusammenbruch der Märkte. Zusätzlich senkte die US-Notenbank die Zinsen, damit mehr Liquidität in den Markt fließen konnte. In letzter Sekunde wurde ein Finanzchaos verhindert.

Das Fazit: Die Köpfe hinter dem Fonds glaubten, eine risikolose Börsenstrategie gefunden zu haben, die automatisch funktionierte. Da scheinbar kein Risiko bestand, konnte der Einsatz ohne Begrenzung mit Krediten gehebelt werden. Der Markt hat dann aber gezeigt: Es gibt keine risikolosen Börsenstrategien. Es ist unwahrscheinlich, dass man von einem Blitz getroffen wird, aber es ist möglich. Dennoch: Der Lerneffekt war bei einigen Beteiligten gleich Null. Nach der Fondsschließung gründeten sie direkt den nächsten Fonds. Diese Fonds hielten bis zur nächsten Finanzkrise. Offensichtlich eignete sich das Konzept nur für Schönwetterphasen an der Börse.

Was hat das alles nun mit dem Thema Robo-Advisors zu tun? Die Robo-Advisors sollen den »Größenwahn« der Fondsmanager sogar verhindern. Doch lässt sich nicht ausschließen, dass die selbstlernenden Computerprogramme andere Risiken eingehen, die ein menschlicher Fondsmanager intuitiv gemieden hätte. Ob also die Computer und das System, das ihnen einprogrammiert wurde, bei Robo-Advisors unfehlbar sind, muss sich erst zeigen.

Unser Fazit

Robo-Advisors können mittelfristig zu einer attraktiven Anlagealternative werden, wenn klar ist, welche Anbieter sich mit Qualitätsprodukten durchgesetzt haben, und wenn die schlechten Systeme aussortiert wurden.

Bei hundertprozentig computerbasierten Systemen haben wir dennoch gewisse Bauchschmerzen. Vergleichen Sie das mit der Medizin: Ein intelligentes Diagnosesystem kann vielleicht die Behandlung mit der besten Heilungschance festlegen und ein medizinischer Roboter kann besser operieren als ein menschlicher Arzt. Aber wahrscheinlich würden auch Sie sich als Patient wohler fühlen, wenn ein menschlicher Arzt die Computeranalyse kurz prüft und ein menschliches Wesen den Operationsroboter im Blick hat. Ähnlich ist es bei der Operation Geldanlage: Auch bei 10 000 Euro Anlagesumme verzichten wir ungern komplett auf den Faktor Mensch (zumindest als überwachende Instanz).

Kapitel 12 –
Zum Abschluss – zehn Spartipps für mehr Rendite

Jetzt wissen Sie, wie Sie Ihre Geldanlage zusammenbauen: aus Tages-geld, Mischfonds und Aktien(fonds bzw. -ETFs). Dabei sollten Sie die großen Kostenfresser vermeiden, von denen es vor allem zwei gibt: Bank- bzw. Börsengebühren und Steuern. Die folgenden Tipps helfen Ihnen dabei, die Kosten zu minimieren – und das heißt auto-matisch, Ihre Rendite zu maximieren.

Tipp 1: Tätigen Sie Fondskäufe möglichst über eine Börse

ETFs können Sie in der Regel nur über eine Wertpapierbörse kaufen, bei aktiv gemanagten Fonds dagegen finden Sie in Ihrer Ordermaske als Handelsplatz meistens die Voreinstellung »KAG« (Kapitalanlage-gesellschaft = Fondsgesellschaft). Wenn Sie an dieser Voreinstellung nichts ändern, dann bestellt die Depotbank Ihre Fondsanteile bei der Fondsgesellschaft, und die erhebt dann für den Fondskauf den soge-nannten Ausgabeaufschlag als Kaufgebühr. Dieser Ausgabeaufschlag kann bei aktiv gemanagten Aktienfonds bis zu 5 Prozent der investier-ten Summe ausmachen, manchmal sogar 5,5 Prozent, von 100 Euro also gleich mal 5,00 oder 5,50 Euro. Das muss nicht sein! Wenn mög-lich, kaufen Sie den gewünschten Fonds stets an einer Börse (zum Beispiel Frankfurt, München, Stuttgart, Düsseldorf, Hamburg, Berlin oder an der Privatanlegerbörse Tradegate). Bei Einmalkäufen (emp-fehlenswert ab einer Investitionssumme von 1000 Euro) haben Sie in aller Regel diese Möglichkeit. Bei Sparplänen besteht diese Option aber in der Regel nicht, außer bei ETFs. Deshalb gilt beim Fondskauf via Sparplan der Tipp 2.

Tipp 2: Eröffnen Sie Ihre Fondssparpläne über spezialisierte Fondsvermittler

Was Fondsvermittler sind, haben Sie in Kapitel 10 über vermögenswirksame Leistungen und die Arbeitnehmersparzulage vielleicht schon gelesen. Sie sollten aber wissen: Nicht nur für solche vom Arbeitgeber und/oder Staat bezuschussten Sparpläne sind Fondsvermittler eine empfehlenswerte Sache, sondern auch für Ihre ganz normalen Fonds- und ETF-Sparpläne. Denn:

➤ Fondsvermittler erlassen Ihnen bei aktiv gemanagten Fonds häufig den Ausgabeaufschlag oder bieten sie zumindest mit Rabatt an. Das gilt auch, wenn – wie bei Sparplänen üblich – der Kauf über eine Wertpapierbörse nicht möglich ist. Oft erhalten Sie wenigstens einen 50-Prozent-Rabatt.

➤ Auch wenn ein Fonds im Fact-Sheet als nicht sparplanfähig ausgewiesen ist, so macht es doch so mancher Fondsvermittler möglich. Dafür nimmt er den bruchteilweisen Anteilskauf auf seine eigene Kappe und ermöglicht Ihnen auf diese Weise, vom Durchschnittskosteneffekt zu profitieren.

Beispiele für Fondsvermittler

➤ AVL Investmentfonds (www.avl-investmentfonds.de/VL-Fondssparplan)

➤ FondsDISCOUNT (www.fondsdiscount.de)

➤ FondsClever (www.fondsclever.de)

Weitere finden Sie in Kapitel 10. Sie gehen auf die Internetseite des jeweiligen Fondsvermittlers und suchen sich dort eine Depotbank aus. Über den Fondsvermittler eröffnen Sie dann dort ein Depot (dazu erhalten Sie eine genaue Anleitung). Und schon können Sie bequem Ihren Sparplan einrichten – oder auch mehrere, wenn Sie beispielsweise in einen Aktien-ETF und in einen Mischfonds investieren möchten.

Tipp 3: Wählen Sie den günstigsten Handelsplatz

Wenn Sie eine Wertpapierorder aufgeben, dann haben Sie die Wahl zwischen verschiedenen Handelsplätzen. Die meisten davon sind Börsen. Daneben steht auch der Direkthandel zur Verfügung, der oft auch Sekundenhandel genannt wird oder nach der Bank, die ihn meistens ausführt: der »Lang & Schwarz«-Bank. In aller Regel liegen Sie mit der Auswahl einer Börse richtig – auch deshalb, weil es hier eine öffentlich-rechtliche Handelsüberwachungsstelle gibt, bei der Sie sich beschweren bzw. die Sie bei einer nicht nachvollziehbaren Preisstellung einschalten können. Die Frage ist nur: Welche Börse sollten Sie auswählen?

➤ Bei **ETFs** und **deutschen Standardwerten aus dem DAX** empfehlen wir die elektronische Börse Xetra.

➤ Bei **Nebenwerten** und **aktiv gemanagten Fonds** liegen Sie mit einer der Parkettbörsen richtig (Frankfurt, München, Stuttgart, Hamburg, Berlin, Düsseldorf). Eine Alternative ist die Privatanlegerbörse Tradegate, die von der Deutschen Börse AG betrieben wird. Suchen Sie sich hier am besten die liquideste Börse aus, also diejenige, die beim betreffenden Wert die höchsten Umsätze hat. Denn dort bekommen Sie meistens die günstigste Preisstellung (wie Sie die liquideste Börse finden: siehe Kasten).

> Bei **Auslandswerten**, zu denen einige unserer Empfehlungen ge-
hören, können Sie in der Regel die Orderaufgabe an der meist
teureren Auslandsbörse (Heimatbörse der jeweiligen Auslands-
aktie) vermeiden. Bei den meisten Standardwerten aus der
Schweiz, aus den Niederlanden oder den USA fahren Sie mit
Xetra am günstigsten. Denn darüber wird das Gros des Stan-
dardwertehandels in Deutschland abgewickelt. Bei weniger bekannten und gehandelten Auslandsaktien versuchen Sie es über
die Börse Berlin, die hier ihren Schwerpunkt hat. Bei Aktien aus
Österreich ist die Münchener Börse, bei Aktien aus der Schweiz
ist die Stuttgarter Börse eine gute Adresse. Aber auch hier sollten
Sie stets prüfen, welche Börse am liquidesten ist.

So finden Sie die liquideste Börse

Gehen Sie auf ein Börsenportal wie www.finanzen.net, www.on-
vista.de oder www.boerse.de. Sie können häufig auch einfach die
Kursinformationen Ihrer Depotbank online abrufen. Geben Sie
Name, WKN oder ISIN der Aktie, des Fonds oder des ETFs ein,
die bzw. den Sie kaufen möchten. Klicken Sie dann auf »Han-
delsplätze« oder »Times & Sales« (»T&S«). Sie erhalten eine
Auflistung der verschiedenen Börsen. Hier sehen Sie, welche
Stückzahlen jüngst beim betreffenden Wertpapier gehandelt
wurden. Sie werden feststellen: Meistens stellt die liquideste
Börse, also diejenige mit den höchsten Stückzahlen, auch die
besten Preise. Die betreffende Börse wählen Sie dann als Handelsplatz aus.

Tipp 4: Tätigen Sie Einmalkäufe zur richtigen Tageszeit

Auch wenn viele Börsen ihre Handelszeiten auf 8:00 bis 20:00 Uhr (die Börsen Stuttgart und Tradegate sogar bis 22:00 Uhr) ausgeweitet haben, empfiehlt sich eine zu frühe oder zu späte Orderaufgabe nicht. Welche Tageszeit Ihnen die besten Börsenkurse bringt, hängt vom Wertpapier ab.

Deutsche Standard- und größere Nebenwerte (also Aktien aus dem DAX, MDAX und SDAX) sollten Sie dann handeln, wenn auch die größten Stückzahlen an den Börsen ihren Besitzer wechseln. Das ist zur Kernhandelszeit der elektronischen Börse Xetra zwischen 9:00 Uhr morgens und 17:30 Uhr der Fall. Außerhalb dieser Handelszeiten wissen die Börsenmakler oft nicht so recht, wie sich der Preis des jeweiligen Wertpapiers in absehbarer Zeit entwickeln wird. Deshalb kalkulieren sie in ihre Preisstellung einen Sicherheitspuffer ein, sprich: Sie erweitern den Spread, also den Unterschied zwischen Geld- und Briefkurs. Für Sie heißt das: Der Briefkurs, sprich der Preis, zu dem Sie ein Wertpapier kaufen können, erhöht sich dann; der Geldkurs, sprich der Preis, zu dem Sie ein Wertpapier loswerden, wird gesenkt. Wenn also die Referenzbörse Xetra geschlossen ist, bekommen Sie die schlechteren Kurse. Das gilt übrigens auch bei ETFs auf deutsche Aktienindizes.

Bei **US-Aktien** und **ETFs auf US-Indizes** ist die Referenzbörse die größte und wichtigste Wertpapierbörse der USA. Sie heißt New York Stock Exchange, abgekürzt NYSE. Die Öffnungszeiten der NYSE sollten Sie im Auge haben, auch wenn Sie US-Aktien problemlos und weitaus günstiger an einer deutschen Börse ordern können. Von 9:30 bis 16:00 Uhr Eastern Standard Time, also 15:30 bis 22:00 Uhr Mitteleuropäischer Zeit, ist die NYSE geöffnet. Wenn Sie Fonds oder ETFs mit US-Werten kaufen, dann tun Sie das idealerweise innerhalb dieses Zeitraums. Folglich erhalten Sie eine sehr marktnahe und damit

günstige Kursstellung. Außerhalb der NYSE-Öffnungszeiten dagegen
fehlt den hiesigen Börsen bzw. Börsenmaklern die Orientierung, wo-
hin sich die Kurse der US-Aktien und -Indizes entwickeln.

Den Kaufzeitpunkt können Sie natürlich nur dann auf die Stunde genau bestimmen, wenn Sie nicht via Sparplan, sondern via Einmal-
Order investieren.

Tipp 5: Meiden Sie bei Sparplänen allzu kleine Raten

Auch wenn manche Broker dafür werben, dass bei ihnen ein Sparplan schon ab einer Rate von 25 Euro möglich sei, so sollten Sie doch
Raten von unter 100 Euro meiden. Denn nicht bei allen Brokern be-
laufen sich die Orderkosten auf einen bestimmten Prozentsatz der investierten Sparrate. Häufig wird – stattdessen oder zusätzlich – ein
Sockelbetrag erhoben, der durchaus bei 2,50 Euro liegen kann. Nur
ein Rechenbeispiel, was das für Ihren Sparplan bedeutet:

➤ Bei einer Sparrate von 25 Euro starten Sie durch diesen Sockel-
    betrag mit einem Minus von 10 Prozent.

➤ Bei einer Sparrate von 50 Euro beläuft sich das anfängliche Mi-
    nus auf immerhin noch 5 Prozent. Das ist immer noch sehr viel.

➤ Bei einer Sparrate von 100 Euro liegt das anfängliche Minus bei
    2,5 Prozent – das halten wir für vertretbar.

Wie hoch Ihre Sparraten tatsächlich ausfallen, hängt zum einen davon ab, in wie viele Aktien, Fonds und ETFs Sie investieren und wie
lange Sie sich Zeit lassen wollen, bis Sie die vollen 10 000 Euro investiert haben. Wir empfehlen einen Sparzeitraum von mindestens drei
Jahren. Und zwar deshalb, weil es wahrscheinlich ist, während dieser
Zeit einen kompletten Börsenzyklus mit allen möglichen Hochs und

Tiefs abzudecken. Wenn Sie trotzdem bei monatlichen Sparraten unter 100 Euro landen, dann erhöhen Sie das Sparintervall etwa auf einen zweimonatlichen oder vierteljährlichen Kauf.

Tipp 6: Sparen Sie steuerfrei für Ihre Kinder oder Enkel

Eine ganze Reihe von Depotbanken und diverse Fondsvermittler bieten außerdem Kinder-Depots an. Zustimmen müssen hier nur beide Erziehungsberechtigten. Dann wird auf Antrag ein Depot für ein minderjähriges Kind eingerichtet, das Sie via Sparplan besparen können. Manchmal heißt dieses Kinder-Depot auch JuniorDepot, Direkt-Depot Junior oder Minderjährigen-Depot.

Nach der Eröffnung können Sie für Ihre Kinder, Enkel, Neffen und Nichten beispielsweise einen Aktien-, Fonds- oder ETF-Sparplan einrichten. Unbedingt lohnt sich zudem die Beantragung einer sogenannten Nichtveranlagungs-Bescheinigung (NV-Bescheinigung) beim Finanzamt. Da Kinder üblicherweise noch keine Steuern zahlen, weil sie unter dem Grundfreibetrag, also dem steuerfreien Existenzminimum, liegen, müssen sie auch keine Kapitalertragsteuer (Abgeltungssteuer) an den Fiskus entrichten. Indem Sie eine NV-Bescheinigung für das Kind beantragen, akzeptiert auch die Bank die Steuerfreiheit. Das heißt: Sie führt gar nicht erst Abgeltungssteuern auf angefallene Depotgewinne ab.

So beantragen Sie die NV-Bescheinigung

➤ Gehen Sie im Internet auf die Seite www.formulare-bfinv.de

➤ Klicken Sie auf »Steuern«, dann auf »Nichtveranlagungsbescheinigung«.

➤ Gleich das oberste Formular »Nichtveranlagungs-Bescheinigung für natürliche Personen NV A1« ist das richtige.
Unterschreiben müssen es die Erziehungsberechtigten.

➤ Zudem müssen Sie nachweisen, dass die Kinder über das
betreffende Depot und Konto auch verfügen können. Dazu
erhalten Sie eine entsprechende Bescheinigung der Bank,
die Sie Ihrem Antrag beilegen.

Eine einmal beantragte NV-Bescheinigung gilt drei Jahre lang. Falls
das Einkommen des betreffenden Kindes aber über den Grundfreibetrag hinaus ansteigen und das Kind damit voraussichtlich steuer-
pflichtig werden sollte, müssen Sie das dem Finanzamt melden. Im
Jahr 2017 liegt der Grundfreibetrag bei 8820 Euro, 2018 bei genau
9000 Euro. Dazu dürfen Sie noch den Sparerpauschbetrag von
801 Euro pro Person zählen, sodass in Summe im Jahr 2017 die Ein-
künfte nicht mehr als 9621 Euro und 2018 nicht mehr als 9801 Euro betragen dürfen.

Sobald das Finanzamt besagte NV-Bescheinigung ausgestellt hat,
schicken Sie diese an die Depotbank. Diese führt dann keine Kapitalertragsteuer ans Finanzamt ab – alle Depotgewinne bleiben steuerfrei.
Nach drei Jahren stellen Sie einen neuen Antrag – sofern die Voraus-
setzungen für Steuerfreiheit noch gegeben sind.

Wichtig: Verfügen Sie nicht über das Depot des Kindes, als wäre es
Ihr Geld. Denn das wäre steuerschädlich. Es muss gewährleistet sein,
dass die Geldanlage wirklich dem Kind und nur dem Kind zugute-
kommt. Ein Scheindepot für die Kinder anzulegen, um Steuern zu
sparen, das funktioniert nicht!

Tipp 7: Erteilen Sie Ihrer Depotbank einen Freistellungsauftrag

Auch Steuerpflichtige müssen nicht gleich jeden Gewinn versteuern, den sie mit ihrer Geldanlage machen. Der Gesetzgeber erlaubt Kapitaleinkünfte von 801 Euro pro Person, bzw. 1602 Euro bei zusammen veranlagten Ehepaaren. Allerdings wird die Bank diesen sogenannten Sparerpauschbetrag nicht automatisch und von selbst berücksichtigen. Vielmehr ist sie gesetzlich verpflichtet, gleich vom ersten Euro Gewinn an die Kapitalertragsteuer ans Finanzamt abzuführen.

Kapitalertragsteuer – was ist das?

Die Kapitalertragsteuer ist eine spezielle Steuer, die auf Gewinne aus Geldanlagen anfällt. In der aktuellen Form (Stand: August 2017) nennt sich die Kapitalertragssteuer auch Abgeltungssteuer. Bei diesem bekommt der Fiskus pauschal 25 Prozent der erzielten Gewinne direkt von der Bank – die Steuerschuld ist damit abgegolten, daher der Name. Gewinne gelten dann als erzielt,

➤ wenn Sie Wertpapiere mit Gewinn verkauft haben (wenn also der Kaufkurs mitsamt Transaktionskosten niedriger war als der Verkaufskurs) oder

➤ wenn Sie Ausschüttungen erhalten haben (etwa Zinsen und Dividenden).

Allerdings bleibt es nicht bei besagten 25 Prozent. Hinzu kommt der Solidaritätszuschlag von 5,5 der Steuersumme. Unter dem Strich gehen auf diese Weise also nochmals 1,375 Prozent an den Staat verloren. Bei Kirchenmitgliedern werden zudem noch

9 Prozent der Steuersumme an Kirchensteuer abgeführt. In Baden-Württemberg und Bayern sind es 8 Prozent, sodass die Steuerbelastung unter dem Strich um zusätzliche 2 oder gar 2,25 Prozent anwächst. Das heißt: Inklusive Soli und gegebenenfalls Kirchensteuer zwackt sich der Staat zwischen 26,375 und 28,625 Prozent von Ihren Gewinnen ab.

In der Diskussion sind aber derzeit eine Abschaffung der Abgeltungssteuer und eine Besteuerung von Gewinnen aus der Geldanlage mit dem persönlichen Einkommensteuersatz. Hier liegt der Steuersatz dann – je nach dem zu versteuernden Gesamteinkommen – bei 14 bis 45 Prozent.

Doch gleichgültig, welches Steuersystem herrscht – es gibt immer einen bestimmten Sockelbetrag von Kapitaleinkünften, also Gewinnen aus der Geldanlage, der steuerfrei bleibt. Dieser Sockelbetrag nennt sich Sparerfreibetrag oder – unter dem System der Abgeltungssteuer – Sparerpauschbetrag. Derzeit sind das 801 Euro (bzw. 1602 Euro bei zusammen zur Steuer veranlagten Ehepaaren).

Dass Sie schon auf den Sparerfrei- bzw. Sparerpauschbetrag Steuern zahlen müssen, lässt sich verhindern: Entweder – und das ist die kompliziertere Methode – sie reichen zur Einkommensteuererklärung jeweils die Anlage KAP ein. Darin tragen Sie ein, welche Gewinne Sie erzielt haben und wie viel Kapitalertragsteuer die Bank darauf schon abgeführt hat. Alle dazu nötigen Angaben finden Sie in der Jahressteuerbescheinigung Ihrer Depotbank.

Weitaus leichter haben Sie es allerdings mit einem Freistellungsauftrag – oder mit mehreren, falls Sie mehrere Depot- und sonstige Banken haben. So können Sie den Sparerpauschbetrag auf die verschiedenen Institute aufteilen. Der jeweils freigestellte Betrag wird dann von der Bank berücksichtigt: Für Gewinne, die nicht darüber hinausgehen, wird auch keine Abgeltungssteuer abgeführt.

Das Formular für einen Freistellungsauftrag erhalten Sie bei der Depot- oder sonstigen Bank. Sie können ihn jederzeit widerrufen oder die jeweils freigestellten Beträge ändern, wenn Sie das möchten. Sie sollten lediglich darauf achten, dass diese in Summe den Sparerpauschbetrag nicht überschreiten.

Tipp 8: Schichten Sie nicht andauernd um

Eine alte Börsenweisheit heißt: »Hin und her macht Taschen leer.« Das kommt nicht von ungefähr: Bei jedem Wertpapierkauf und -verkauf müssen Sie Transaktionsgebühren bezahlen, die teilweise die ausführende Börse erhält und teilweise die Depotbank. Deshalb sollten Sie sich nicht andauernd umentscheiden, in welche Wertpapiere Sie Ihr Geld investieren. Nur wenn es wirklich gravierende Gründe gibt, sollten Sie bereits gekaufte Aktien, Fonds- oder ETF-Anteile verkaufen und in andere Aktien bzw. in einen anderen Fonds oder ETF stecken. Ansonsten verfahren Sie besser so: Ändern Sie bei Ihrem Sparplan einfach das Wertpapier, in das die künftigen Raten investiert werden sollen. Aber verkaufen Sie die bereits gekauften nicht, sondern lassen Sie diese unangetastet in Ihrem Depot. Auf diese Weise schmälern die Transaktionskosten Ihren Anlageerfolg nicht mehr, als unbedingt nötig.

Tipp 9: Füllen Sie mit Ausschüttungen Ihre Notreserve auf – und was Sie dafür nicht brauchen, investieren Sie wieder

Sobald Aktien und Fonds in Ihrem Depot liegen, erhalten Sie üblicherweise auch Ausschüttungen. Bei Aktien sind das die bereits mehrfach angesprochenen Dividenden. Bei Investmentfonds und ETFs sind es die Zinsen und Dividenden, die auf das Fondsvermögen gezahlt werden. Es gibt allerdings zweierlei von dieser Sorte: Ausschüttende Fonds und ETFs kehren die erhaltenen Zinsen und Dividenden laufend an ihre Anteilseigner aus. Das heißt, diese erhalten meist jährlich, manchmal sogar viertel- oder halbjährlich eine kleinere Gutschrift auf ihrem Verrechnungskonto. Thesaurierende Fonds und ETFs dagegen investieren die laufend erwirtschafteten Zinsen und Dividenden sofort wieder ins Fondsvermögen, sodass sich der Wert der Fondsanteile dadurch erhöht. Hier fallen also keine laufenden Ausschüttungen an.

Die erhaltenen Ausschüttungen dienen zunächst dazu, Ihre Notreserve auf dem Tagesgeldkonto aufzustocken. Dort sollte stets genug Geld für Notfälle liegen. Was darüber hinausgeht, sollten Sie laufend neu investieren. Am besten überweisen Sie dieses Geld dann auf das Referenzkonto Ihres Fondssparplans und sorgen dafür, dass es gleich wieder investiert wird. Falls Sie noch keinen Fondssparplan haben, sondern Ihre Fondsanteile via Einmalinvestment erworben haben, sollten Sie über die Einrichtung eines Fondssparplans zumindest nachdenken. Möglich sind durchaus Sparintervalle von einem halben oder ganzen Jahr. Genug Zeit also, dass eine Sparrate von 100 Euro zusammenkommt, die Sie dann via Sparplan in Fondsanteile stecken. Auf diese Weise machen Sie sich abermals den Zinseszinseffekt zunutze, indem Sie dafür sorgen, dass die Ausschüttungen sich laufend weiterverzinsen.

Unterschätzen Sie die Dividenden nicht

Die einzelnen Dividenden mögen Ihnen wie Kleckerbeträge erscheinen. Langfristig tragen sie aber, so haben zahlreiche Studien gezeigt, zu mindestens 30 bis 40 Prozent zur Gesamtrendite bei. Gerade deshalb lohnt es sich, sie sofort wieder zu investieren.

Tipp 10: Meiden Sie Broker mit Entgelten für Auslandsdividenden

Da mögen die Depotführung kostenfrei und die Wertpapierorders sensationell günstig sein: Manche Broker holen sich an anderer Stelle Geld von ihren Kunden – vorzugsweise an einer Stelle, wo es diesen kaum auffällt. So gibt es Depot-Banken, die sich jede Dividendenzahlung aus dem Ausland extra vergüten lassen. Beispiel Flatex, ein Broker, der seit Mitte 2017 zur FinTech Group gehört: Jede Dividendenausschüttung aus dem Ausland (auch aus dem Euro-Raum) lässt sich Flatex vergüten. Bei Zahlungen kleiner als 15 Euro werden 1,50 Euro verlangt, bei Zahlungen darüber 5,00 Euro. Das schmälert die Rendite gewaltig, zumal diese Kosten regelmäßig bei jeder Dividendenausschüttung anfallen (bis zu vier Mal pro Jahr allein bei vielen US-Aktien). Diese Gebühr lässt sich aber zum Glück vermeiden. Denn bei der Mehrzahl der Broker ist ein solcher Kapitaltransfer kostenfrei.

GLOSSAR

Abgeltungssteuer: Die Abgeltungssteuer wird seit dem Jahr 2009 einheitlich auf alle Kapitalerträge erhoben. Ausgenommen sind nur Kursgewinne von Wertpapieren, die Sie im Jahr 2008 oder früher gekauft haben (bei Zertifikaten gilt ein früherer Stichtag, nämlich der 14. März 2007). Wenn Sie Ihrer Bank einen → Freistellungsauftrag erteilt haben, bleibt auch der → Sparerpauschbetrag von der Abgeltungsteuer befreit. Der Steuersatz liegt bei 25 Prozent plus Solidaritätszuschlag und gegebenenfalls Kirchensteuer. Insgesamt kommen so bis zu 28,625 Prozent zusammen.

Aktie: Als Aktionär erwerben Sie einen Anteil an einem Unternehmen, der in einer Aktie verbrieft ist. Damit erhalten Sie gleichzeitig ein Stimmrecht und ein Recht auf eine Beteiligung an den Erfolgen, die das Unternehmen erwirtschaftet.

Aktienfonds: Ein Fonds, der praktisch ausschließlich in Aktien investiert.

Aktiengesellschaft: Bei einer Aktiengesellschaft (AG) ist das Grundkapital in Anteile, sogenannte → Aktien aufgeteilt, die an der Börse gehandelt werden können. Hintergrund ist die Beschaffung von Eigenkapital. Aktienkurse schwanken im Wert – je nachdem wie gut das Unternehmen wirtschaftet oder auch wie die psychologische Gesamtlage an den Börsen ist.

Aktienindex: Ein Aktienindex repräsentiert eine Auswahl bestimmter Aktien, etwa aus einem bestimmten Land oder einer speziellen Branche. Dazu wird aus den Kursen dieser Aktien über verschiedene Verfahren eine Kennzahl errechnet, die die Entwicklung dieses speziellen Marktsegments widerspiegelt. Die bekanntesten Indizes sind der DAX, der die 30 wichtigsten deutschen

Aktien enthält, oder der Dow Jones für den US-amerikanischen Markt.

Anleihe: Unter einer Anleihe (engl.: bond) versteht man ein festverzinsliches Wertpapier. Darunter fallen etwa Staatsanleihen, Unternehmensanleihen, Pfandbriefe usw. Der Emittent der Anleihe, ein Staat oder ein Unternehmen, und der Anleger vereinbaren dabei einen festen Zinssatz, zu dem Letzterer sein Geld zur Verfügung stellt, sowie eine feste Laufzeit, für die das Kapital zur Verfügung steht. Meist erfolgt einmal im Jahr eine Zinsausschüttung. Anleihen unterliegen während der Laufzeit Kursschwankungen, die jedoch in der Regel geringer ausfallen als bei Aktien. Da Anleihen auch als Renten bezeichnet werden, nennt man Fonds, die in Anleihen investieren, auch Rentenfonds.

Arbeitnehmersparzulage: Staatliche Förderung für → vermögenswirksame Leistungen (VL). Zusätzlich zum Geld der Arbeitgeber kann ein Arbeitnehmer mit VL-Vertrag bis zu 80 Euro Förderung vom Staat bekommen. Beantragt wird die Arbeitnehmersparzulage in der Einkommensteuererklärung.

Asset: Als Assets werden die Wertpapierklassen, die sich in einem Depot befinden, bezeichnet. Darunter fallen beispielsweise Aktien, Anleihen, Immobilien und Fonds.

Ausgabeaufschlag: Kaufgebühr aktiver Fonds, auch Agio genannt. Der Ausgabeaufschlag beläuft sich auf bis zu 5,5 Prozent des investierten Betrags. Er wird jedoch nur erhoben, wenn Fondsanteile direkt bei der Fondsgesellschaft erworben werden. Beim Kauf an der Börse entfällt er.

Benchmark: Vergleichsindex, mit dem sich Investmentfonds üblicherweise messen. Eine solche Benchmark sollte stets eine recht ähnliche Region bzw. Strategie abbilden wie der Fonds, um einen aussagekräftigen Vergleich zu ermöglichen.

Boom: Wenn an der Börse die Kurse extrem ansteigen, ist von einem Boom die Rede. Allerdings folgt auf einen Boom oft der → Crash.

Börse: Die Kurse, also Preise von Wertpapieren und Terminkontrakten werden durch Angebot und Nachfrage bestimmt. Der Handelsplatz, an dem Käufer und Verkäufer aufeinandertreffen, ist die Börse. In Deutschland gibt es mehrere Börsen. Neben der vollelektronischen Börse Xetra gehören dazu auch die Parkettbörsen Frankfurt, Stuttgart, München, Düsseldorf, Hamburg und Berlin sowie die Privatanlegerbörse Tradegate.

Briefkurs: Zu diesem Kurs können Sie ein Wertpapier (Aktie, Fonds, ETF) an der Börse kaufen. Der Preis, zu dem Sie verkaufen können, wird → Geldkurs genannt.

Broker: Ein Broker ist ein Börsenmakler, der die Aktien seiner Kunden kauft und verkauft. Ebenso heißen aber auch Depotbanken, die für ihre Kunden Wertpapiere verwalten und entsprechende Orders ausführen, Broker. Das gilt insbesondere für Direktbanken, die die Aufträge ihrer Kunden per Telefon, Fax oder Internet entgegennehmen und abwickeln.

Buffett, Warren: US-amerikanischer Großinvestor, der mit seiner Beteiligungsgesellschaft Berkshire Hathaway zu einem der zehn reichsten Menschen der Welt geworden ist. Er ist Anhänger der Value-Strategie.

Chart: Ein Chart zeichnet den historischen Kursverlauf eines Wertpapiers oder eines Index in einem bestimmten Zeitraum nach. Dabei können mehrere Jahrzehnte betrachtet werden, aber auch sehr kurze Zeitspannen, etwa ein Tag.

Cost Average Effect: → Durchschnittskosteneffekt

Crash: Der Crash ist das Gegenteil eines Booms, nämlich der radikale Absturz der Aktien nach einem Boom. Dies kann auch einzelne Aktien betreffen. Brechen alle oder fast alle Aktien ein, ist auch die Rede von einem Börsencrash.

DAX: DAX ist die Abkürzung von Deutscher Aktienindex. Er ist der wichtigste deutsche Börsenindex, wurde am 1. Juli 1988 zum ersten Mal berechnet und repräsentiert die 30 wichtigsten deutschen Aktiengesellschaften. Der DAX ist ein gewichteter → Performanceindex. Die Gewichtung der Mitgliedsunternehmen wird nach der → Marktkapitalisierung und dem → Streubesitz vorgenommen, also der Zahl der Aktien, die nicht in fester Hand sind. Die Zusammensetzung des DAX wird regelmäßig angepasst.

Defensiver Mischfonds: → Mischfonds mit vergleichsweise geringem Aktienanteil (meist unter 30 Prozent).

Depot: Wer Wertpapiere kauft und verkauft, braucht dafür einen Ort der Verwahrung. Dies ist ein Depot, das damit zur Grundvoraussetzung für die Teilnahme am Wertpapierhandel wird. Als Anleger können Sie ein Depot bei jeder Bank eröffnen. Bei Filialbanken müssen Sie mit Depotgebühren rechnen. Viele Direkt-Broker (Online-Depotbanken) hingegen verzichten auf entsprechende Gebühren.

Derivat: Ein Finanzinstrument, das von einem Basiswert (Aktie, Index, Rohstoff, Währung) abgeleitet wird und dessen Kursentwicklung beispielsweise hebelt (vervielfacht) oder ins Negative verkehrt. Zu den Derivaten gehören beispielsweise Zertifikate und Optionsscheine.

Diversifikation: Um das Risiko eines Kapitalverlusts zu begrenzen, sollten Sie als Anleger Ihr Kapital auf verschiedene Aktien oder Anlageformen (Aktien, Anleihen, Fonds) verteilen und darauf achten, dass diese Anlageformen nicht alle gleich auf verschiedene Börsenszenarien reagieren. Dieser Vorgang nennt sich Diversifikation.

Dividende: Die Dividende ist der Anteil am Gewinn der Aktiengesellschaft, der pro → Aktie an die Aktionäre ausgeschüttet wird. Seit 2009 müssen Sie auf Dividenden → Abgeltungssteuer bezahlen. Haben Sie einen → Freistellungsauftrag erteilt, bleibt zumindest ein Teil steuerfrei.

Dow Jones: Der Dow Jones ist der älteste Aktienindex der Welt und auch heute noch einer der wichtigsten Indizes der Börsenwelt. Vollständig lautet sein Name Dow Jones Industrial Average. Er repräsentiert die 30 wichtigsten Aktien der USA und zeigt deren durchschnittliche Entwicklung.

Durchschnittskosteneffekt (Cost Average Effect): Effekt, der sich bei Fondssparplänen bemerkbar macht. Durch die Sparraten in immer gleicher Höhe werden viele Fondsanteile gekauft, wenn diese gerade günstig sind, und wenige, wenn diese gerade teuer sind. Dadurch wird im Durchschnitt ein günstiger Einstiegskurs erzielt und das Timing-Problem umgangen.

Einlagensicherung: Gesetzlich vorgeschriebener Insolvenzschutz für die Konten von Bankkunden. Geht eine Bank pleite, ist bei Banken in EU-Ländern eine Entschädigung bis zu 100 000 Euro vorgeschrieben. Manche Banken gehen darüber hinaus und bieten eine Einlagensicherung in noch viel größerer Höhe an.

Euro Stoxx 50: Der Euro Stoxx 50 ist ein Aktienindex, der die 50 größten Aktienwerte aus den Euroländern versammelt. Achtung: Gemeint ist dabei die Währungsunion. Europäische Länder, die den Euro nicht eingeführt haben, wie etwa Großbritannien, die Schweiz oder Norwegen, sind in diesem Index nicht vertreten.

ETF: Die Abkürzung steht für Exchange Traded Funds, also börsengehandelte Indexfonds. ETFs sind die gängigste Form von Passivfonds. Hier wählt kein Fondsmanager einzelne Aktien aus, sondern der Fonds ist eine originalgetreue Nachbildung eines bestimmten Index wie beispielsweise des → DAX oder → Dow Jones.

Festgeldkonto: Bankkonto, das Guthabenzinsen abwirft und bei dem die Einlagen erst am Ende einer bestimmten Laufzeit wieder verfügbar sind. In der Regel liegt die Laufzeit bei 6 bis 48 Monaten, vereinzelt gibt es aber auch Festgeldangebote mit einer Laufzeit von bis zu 10 Jahren.

Fonds: Bei einem Fonds (genauer gesagt, einem offenen Investmentfonds) zahlen viele Anleger in einen gemeinsamen Topf einer Fondsgesellschaft ein, aus dem dann verschiedene → Wertpapiere gekauft werden. Durch die Streuung verringert sich das Risiko eines Kapitalverlusts. Die Papiere, die das Fondsvermögen bilden, bestimmen gemeinsam, ob der Fonds Gewinne oder Verluste zu verzeichnen hat, ob die Fondsanteile im Wert steigen oder fallen. Zinsen oder Dividenden, die der Fonds laufend erwirtschaftet, werden entweder ausgeschüttet (ausschüttende Fonds) oder sie fließen dem Fondsvermögen zu und erhöhen den Wert der einzelnen Anteile (thesaurierende Fonds).

Fondsmanager: Der Fondsmanager ist als Mitarbeiter einer Fondsgesellschaft für die Auswahl der Wertpapiere in einem oder in mehreren Fonds verantwortlich. Betreut er einen aktiv gemanagten Fonds, wählt er im Rahmen des gegebenen Fondsthemas die Wertpapiere aus. Bei einem Pharma-Fonds sucht er also nach vielversprechenden Pharmawerten, bei einem Japan-Fonds nach entsprechenden Aktien japanischer Unternehmen usw. Bei einem passiv gemanagten Fonds hingegen wird ein Index nachgebildet (→ Indexfonds). Ein Fondsmanager ist hier entbehrlich.

Fondssparplan: Kauf von Fondsanteilen in regelmäßigen Raten in immer gleicher Höhe. Möglich ist ein monatlicher, vierteljährlicher oder jährlicher Kauf mit Raten ab 25 Euro. Meist empfiehlt sich aus Kostengründen aber eine Mindestrate von 100 Euro.

Freistellungsauftrag: Mit einem Freistellungsauftrag bei Ihrer Bank oder Sparkasse stellen Sie sicher, dass Sie bis zu einem Betrag von 801 Euro für Ledige und 1602 Euro für Verheiratete keine Kapitalertrag- bzw. Abgeltungssteuer auf die Zinsen, Dividenden und Kursgewinne, die Sie kassieren, zahlen. Sie müssen erst Steuern auf Erträge zahlen, wenn diese den sogenannten → Sparerpauschbetrag übersteigen.

Geldkurs: Zu diesem Kurs können Sie ein Wertpapier (Aktie, Zertifikat) an der Börse verkaufen. Der Preis, zu dem Sie kaufen können, wird → Briefkurs genannt.

Gesamtkostenquote: Prozentsatz, der angibt, was die laufende Verwaltung eines Fonds insgesamt pro Jahr kostet. Bei passiv gemanagten ETFs liegt die Gesamtkostenquote meist bei 0,08 bis 1,0 Prozent, bei aktiv gemanagten Fonds bei 1,5 bis 3,0 Prozent. Die international gebräuchliche Bezeichnung für Gesamtkostenquote lautet Total Expense Ratio (TER).

Geschlossene Fonds: Unter geschlossenen Fonds werden Fonds verstanden, deren Anteilseigner zu Mitunternehmern werden. Entsprechende Anteile können nur während einer bestimmten Zeichnungsfrist erworben werden. Wenn genügend Kapital eingesammelt wurde, wird die Zeichnungsfrist beendet und die beabsichtigte Investition vorgenommen. Wer Anteile an einem geschlossenen Fonds erwirbt, muss diese in der Regel bis zum Ende der Laufzeit halten. Ein Verkauf an der Börse ist nicht vorgesehen. Als Privatanleger sollten Sie um geschlossene Fonds daher einen Bogen machen.

Graham, Benjamin: Geboren 1894 in London, gestorben 1976 in Aix-en-Provence. Er war ein US-amerikanischer Wirtschaftswissenschaftler und Erfinder der fundamentalen Aktienanalyse.

Index: → Aktienindex

Indexfonds: In einem Indexfonds sind in Zusammensetzung und Gewichtung exakt die Aktien enthalten, die im abgebildeten Index (zum Beispiel DAX, Euro Stoxx 50 oder Dow Jones) vertreten sind. Die Entwicklung dieser Fonds verläuft daher parallel zum Index (nur die Verwaltungskosten werden abgezogen). Interessant für Sie als Anleger ist auch, dass Indexfonds sehr günstig sind. Die wichtigsten Indexfonds sind die sogenannten → ETFs.

Indexstand: Ein Indexstand ist eine Kennzahl, die die Wertentwicklung in einem bestimmten Marktsegment wiedergibt. Dabei werden die Börsenkurse einer repräsentativen Mischung von Aktien oder Rentenpapieren aus diesem Segment zugrunde gelegt.

Inflation: schleichender Kaufkraftverlust einer Währung.

ISIN: Die ISIN (International Security Identification Number) ist die internationale Form der → Wertpapierkennnummer (WKN). Anhand einer festen Folge von Buchstaben und Ziffern lässt sich ein Wertpapier eindeutig bestimmen. Wenn Sie eine Order aufgeben wollen, müssen Sie als Erstes die ISIN oder die WKN eingeben.

Klarman, Seth: US-amerikanischer Hedgefonds-Manager und Milliardär. Er ist Anhänger der Value-Strategie.

Kostolany, André: Geboren 1906 in Budapest, gestorben 1999 in Paris. Er war Börsenspekulant, Finanzexperte und Verfasser mehrerer Börsenbücher.

Kursindex: Ein Kursindex ist ein Aktienindex, in dessen Verlauf nur die Kursgewinne, nicht aber die Dividenden eingerechnet werden. Das Gegenteil von einem Kursindex ist ein → Performanceindex.

Kurswert: Der Kurswert ist der Preis (z. B. in Euro), den Anleger aktuell für eine Aktie oder einen Fonds bezahlen müssen. Der Kurswert ergibt sich bei Aktien durch Angebot und Nachfrage und wird an der → Börse ermittelt. Bei Fonds ergibt sich der Kurswert aus dem Kurswert der enthaltenen Aktien, Anleihen und sonstigen Vermögenswerte.

LTCM: Ein Hedgefonds, der mit seinem Handelssystem gescheitert ist, und 1998 fast eine globale Finanzkrise ausgelöst hätte.

Managed Depots: → Robo-Advisor

Marktkapitalisierung: Mit der Marktkapitalisierung ist der Wert eines Unternehmens an der Börse gemeint. Dafür wird einfach die Anzahl der Unternehmensaktien mit dem aktuellen Börsenkurs multipliziert.

MDAX: Der MDAX ist der deutsche Aktienindex, der die Entwicklung von mittelgroßen deutschen Unternehmen widerspiegelt. Das M steht für Mid Cap, also »middle capitalization«. Übersetzt heißt das etwa mittelgroße Marktkapitalisierung oder mittelgroßer Börsenwert.

Mid Caps: Bezeichnung für Aktien mit einer mittelgroßen Marktkapitalisierung. Der passende Index in Deutschland ist der → MDAX.

Mischfonds: → Fonds, der in verschiedene Vermögensklassen investiert, vor allem in Aktien und Anleihen.

Munger, Charles: Kongenialer Partner von Warren Buffett bei Berkshire Hathaway. Er ist ebenfalls Anhänger der Value-Strategie.

Offensiver Mischfonds: → Mischfonds mit vergleichsweise hohem Aktienanteil (meist über 70 Prozent).

Outperformance: Mehrertrag, den ein Fonds im Vergleich zu seiner → Benchmark erwirtschaftet hat.

Parkettbörse: Im Gegensatz zu vollelektronischen Börsen wie etwa → Xetra werden an Parkettbörsen Kauf- und Verkaufsorders noch mit menschlicher Hilfe abgewickelt. Diese Aufgabe übernimmt ein Börsenhändler (= Makler). Er gleicht die verschiedenen Orders miteinander ab und legt daraufhin den Preis fest. In Deutschland sind z. B. noch die Frankfurter Wertpapierbörse und die Börsen in Stuttgart, München, Hamburg, Düsseldorf und Berlin Parkettbörsen.

Performance: Welche Gewinne und Verluste hat ein einzelner Anleger oder ein Fonds unter Berücksichtigung des eingegangenen Risikos gemacht? Darüber gibt die Performance Auskunft. Letztlich sollte diese immer positiv für das → Portfolio ausfallen, auch wenn einige Aktien möglicherweise in der Verlustzone sind.

Performanceindex: Ein Performanceindex ist ein Aktienindex, bei dessen Verlauf sowohl der Kurs als auch die gezahlten Dividenden der einzelnen Mitglieder eingerechnet werden. Ein Performanceindex schneidet daher stets besser ab als ein → Kursindex.

Physische Replikation: Der ETF investiert direkt in die entsprechenden Indexwerte (zum Beispiel Aktien). Anders funktioniert ein ETF mit → synthetischer Replikation.

Portfolio: Ein Portfolio, auch Portefeuille genannt, ist die Gesamtheit aller Papiere im Depot eines einzelnen Anlegers oder im Vermögen eines offenen Investmentfonds. Dazu zählen alle Aktien, Anleihen etc.

Präsenzbörse: → Parkettbörse

Rendite: Mit der Rendite wird der prozentuale Gewinn pro Jahr ausgedrückt. So gibt die Kapitalrendite an, wie hoch der Jahresgewinn eines Investors ist, ausgedrückt in Prozent des eingesetzten Kapitals. Analog dazu gibt die Umsatzrendite an, welchen Gewinn das Unternehmen gemacht hat, ausgedrückt in Prozent des Umsatzes.

Rentenfonds: Ein Rentenfonds ist ein gemanagter Fonds, dessen Fondsvermögen überwiegend in festverzinslichen Anleihen, in der Regel Staatsanleihen, investiert ist.

Renten: Anderer Begriff für festverzinsliche Wertpapiere, also beispielsweise → Anleihen.

Robo-Advisor: Automatisierte, computergesteuerte Vermögensverwaltung, auch Managed Depots genannt.

SDAX: Der SDAX ist der deutsche Aktienindex, der die Entwicklung von deutschen Unternehmen mit einer geringen Marktkapitalisierung widerspiegelt. Das S steht für Small, also klein, übersetzt heißt das etwa geringe Marktkapitalisierung oder geringer Börsenwert.

Small Caps: Bezeichnung für Aktien mit einer geringen Marktkapitalisierung (auch Nebenwerte genannt). Der passende Index in Deutschland ist der → SDAX.

Sondervermögen: Aktiv geführte Fonds und auch Indexfonds bilden rechtlich betrachtet ein Sondervermögen und werden von der Fondsgesellschaft nur verwaltet. Bei einer Pleite der Fondsgesellschaft ist das Vermögen der Anleger so geschützt vor dem Zugriff der Gläubiger.

Sparerpauschbetrag: Nach geltendem Steuerrecht bleiben Kapitalerträge bis zu 801 Euro bei Ledigen und 1602 Euro bei zusammen

veranlagten Verheirateten von der Kapitalertragsteuer (= Abgeltungssteuer) befreit. Dieser Teil der Kapitalerträge heißt Sparerpauschbetrag. Vom Sparerpauschbetrag profitieren Sie auf jeden Fall. Am ein-
fachsten geht das, indem Sie einen → Freistellungsauftrag bei Ihrer
Depotbank stellen. Dann werden bei Kapitalerträgen bis zu diesem
Betrag keine Steuern an den Fiskus abgeführt.

Sparkonto: Bankkonto, das Guthabenzinsen abwirft und bei dem die
Einlagen mit einer Kündigungsfrist von meist drei Monaten verfügbar sind.

Sparplan: → Fondssparplan

Spread: Die Differenz zwischen Kauf- und Verkaufskurs (→ Brief-
und → Geldkurs) an der Börse.

Standard & Poor's 500: Der Standard & Poor's 500 (S&P 500) ist
ein Index, der den US-amerikanischen Markt widerspiegelt. Zu seiner Berechnung werden die Kurse der 500 größten Aktiengesellschaften der USA herangezogen. Er zeigt damit ein genaueres Bild
der US-Wirtschaft als der Dow Jones.

Standardwerte: Als Standardwerte werden an der Börse jene Aktien
bezeichnet, die als besonders solide und werthaltig gelten (qualitative
Einordnung), oder besonders große Unternehmen mit einer hohen
Marktkapitalisierung (quantitative Einordnung). In der Regel sind es
die Aktien der größten Unternehmen eines Landes, die sich dann
auch im jeweiligen Leitindex des Landes wiederfinden.

Streubesitz: Zum Streubesitz gehören alle Aktien eines Unternehmens, die an der Börse frei handelbar sind. Im Gegensatz dazu gibt es
auch Aktien, die sich fest in den Händen etwa der Familie der Mehr-
heitseigner, des Bundes oder des Managements des Unternehmens
befinden.

Synthetische Replikation: Der ETF investiert nicht direkt in die Indexwerte, sondern bildet den Index »künstlich« über sogenannte Swaps, nach. Das kann in einigen Fällen günstiger sein, ist aber nicht unumstritten. Der Swap darf aber nach europäischer Zulassungsrichtlinie maximal 10 Prozent des Fondsvermögens ausmachen.

Tagesgeldkonto: Bankkonto, das Guthabenzinsen abwirft und bei dem die Einlagen an jedem Bankenöffnungstag verfügbar sind.

Technische Analyse: Bei der technischen Analyse wird versucht, ausschließlich mithilfe bestimmter Indikatoren am Markt die Entwicklung einzelner Aktien vorherzusagen. Dazu gehören etwa die Beobachtung des Börsenkurses in Form von Chartanalysen oder der Höhe der Umsätze einzelner Aktien.

TER: Total Expense Ratio, siehe → Gesamtkostenquote.

Value-Aktie: Eine substanzstarke Qualitätsaktie.

Value-Analyse: Bei der Value-Analyse, auch Fundamentalanalyse genannt, wird versucht, mithilfe von Unternehmensdaten wie Bilanz, Gewinn-und-Verlustrechnung, Kurs-Gewinn-Verhältnis und Dividendenrendite sowie mithilfe von branchenbezogenen und gesamtwirtschaftlichen Daten eine Prognose zu stellen, wie sich der Kurs einer Aktie entwickeln wird.

Vermögenswirksame Leistungen: Geldgeschenk vom Arbeitgeber in Höhe von 14 bis 40 Euro pro Monat, das angelegt werden muss. Ob ein Anspruch auf vermögenswirksame Leistungen (abgekürzt VL) besteht, ergibt sich aus dem individuellen Arbeitsvertrag, aus einer Betriebsvereinbarung oder aus dem in der jeweiligen Branche gültigen Tarifvertrag. Die vorgeschriebene Mindestanlagedauer beläuft sich auf sieben Jahre (sechs Jahre Einzahlung und ein siebtes Jahr Wartezeit). Erst danach kann der Arbeitnehmer über dieses Geld verfügen.

Verrechnungskonto: Wer ein Wertpapierdepot hat, hat auch ein Verrechnungskonto. Das Guthaben auf diesem Konto wird genutzt, um Wertpapiere zu kaufen, Verkaufserlöse werden darauf gutgeschrieben. Ebenso dient das Verrechnungskonto dazu, Dividenden und Zinsen an den Investor auszuzahlen.

WKN: Die WKN (Wertpapierkennnummer) dient der eindeutigen Identifizierung eines jeden Wertpapiers, um Missverständnisse auszuschließen. Dazu dient eine feste Folge von Ziffern und Buchstaben, die Wertpapierkennnummer (WKN). Diese brauchen Sie bei jeder Orderaufgabe. Die WKN ist das in Deutschland gebräuchliche Pendant zur internationalen → ISIN.

Xetra: Xetra heißt das vollelektronische Handelssystem der Deutschen Börse AG. Ohne dass ein Makler eingreift, gleicht ein Computer alle vorliegenden Kauf- und Verkaufsorders miteinander ab und führt die Transaktion automatisch durch.

ÜBER DIE AUTOREN

Rolf Morrien, Jahrgang 1972, studierte in Münster und Wien Geschichte, Wirtschaft und Politik und absolvierte anschließend in Bonn eine Ausbildung zum Wirtschaftsjournalisten. Danach war er Analyst und Redakteur des Dienstes »Aktien-Analyse«. Seit 2002 leitet er als Chefredakteur den Börsendienst »Der Depot-Optimierer«. Im FinanzBuch Verlag sind von ihm die Börsenbestseller *Börse leicht verständlich*, *Börse ganz praktisch* und *Verschenken Sie kein Geld!* erschienen.

Judith Engst, Jahrgang 1970, hat nach dem Studium der Forstwissenschaft noch den MBA (Master of Business Administration) absolviert. Als Wirtschafts- und Finanzjournalistin schreibt sie vorwiegend Ratgebertexte. Sie hat mehrere Bücher zu den Themen Börse, Geldanlage, Recht & Steuern sowie Kommunikation verfasst. Daneben arbeitet sie als Dozentin an der Business School Alb-Schwarzwald, die zur Steinbeis Hochschule Berlin gehört. Ihr Ziel: Schwer Ver-

ständliches so einfach darzustellen, dass jeder es versteht – und idealerweise auch gleich weiß, was zu tun ist.

Wie lege ich 5000 Euro optimal an?

Judith Engst | Rolf Morrien

»Mit dem wenigen Geld, das ich habe, lohnt sich das Investieren gar nicht!« Viele glauben, nur aus viel Geld ließe sich noch mehr Geld machen. Doch auch mit wenig Kapital können Sie mehr für Ihre Zukunft rausholen. Schon 5000 Euro als Anfangssumme reichen, um mit Ihrer finanziellen Vorsorge zu starten und dabei attraktive Renditen zu erzielen.

- Auf welche Anlageklassen sollten die 5000 Euro aufgeteilt werden?
- Wo lässt sich beim Anlegen Geld sparen?
- Welche Fehler sollte man unbedingt vermeiden?
- Wie kann ich die Tipps mit wenig Aufwand umsetzen?

Dieses Buch bietet auf gerade einmal 120 Seiten alles, was Sie zum Thema wissen müssen: kurz, kompakt, sorgfältig recherchiert und anschaulich aufbereitet. Von den *Manager Magazin*-Bestsellerautoren Judith Engst und Rolf Morrien.

128 Seiten | Softcover | 8,99 € (D) | ISBN 978-3-95972-040-3

Börse leicht verständlich

Judith Engst | Rolf Morrien

Vermögensaufbau - selbst gemacht! Die Finanzkrise hat dramatische Auswirkungen auf Privatvermögen und Altersvorsorge. Rentenansprüche werden gekürzt. Lebensversicherungen stecken in der Krise. Auch auf den Staat ist schon lange kein Verlass mehr. Daher muss jeder Anleger das Heft selbst in die Hand nehmen und handeln. Aber wie baut man ein Vermögen auf oder erzielt ein dauerhaftes Einkommen aus Zinserträgen? Aktien, Fonds, Anleihen, Zertifikate – es gibt Millionen Wertpapiere und Anlagemöglichkeiten.

Die meisten Bücher für Einsteiger erklären aber nur, wie einzelne Wertpapiere funktionieren, oder beschreiben, welche Strategien in der Vergangenheit wirksam waren. Dieses Buch schließt die Lücke. Es beschreibt, wie man ein Depot eröffnet, wie man geeignete Wertpapiere findet, welche Risiken es gibt und was man beim Kauf beachten sollte.

224 Seiten | Hardcover | 19,99 € (D) | ISBN 978-3-89879-630-9

HILFE! Ich kaufe Gold

Horst Biallo

Wer Gold (ver)kauft, kann doch eigentlich nichts falsch machen. Oder? Und ob! Nicht nur sollten Sie wissen, wie Sie mit Goldmünzen und Goldbarren am besten in physisches Gold investieren und wo Sie Ihr Gold am besten aufbewahren. Ebenso wichtig ist Gold als sicherer Baustein für die private Altersvorsorge. Deshalb finden Sie in »HILFE! Ich kaufe Gold« kompakt alles Wissenswerte über Münzen, Barren, den (Ver)Kauf im Internet und beim zertifizierten Händler.
Ein kurzer Exkurs ins Reich der »weißen Edelmetalle« Silber, Platin und Palladium sowie ein Minilexikon zum Thema Edelmetalle runden das Büchlein ab.

112 Seiten | Softcover | 8,99 € (D) | ISBN 978-3-89879-904-1

HILFE! Ich erbe

Horst Biallo

Wer kann schon in Ruhe nachdenken, wenn es weh tut? Viele Menschen sind aber genau in dieser Situation, wenn es um eine der wichtigsten Entscheidungen im Leben geht: Wie gehe ich mit dem Erbe eines geliebten Menschen um – oder wem vererbe ich mein eigenes, hart erarbeitetes Gut? Und wie viel bekommt der Staat davon?

Für langwierige und komplizierte Erläuterungen zu Erben, Vererben, Steuern und Stiftungen fehlen oft Zeit und Nerven. Doch das kann sich bitter rächen. Wie findet der Betroffene aus dem Wust an Informationen rund ums Erbe das heraus, was wirklich wichtig ist?

»HILFE! Ich erbe« bietet die wichtigsten Fragen und Antworten – und nur die. Mit den Fakten, die wirklich entscheidend sind.

112 Seiten | Softcover | 8,99 € (D) | ISBN 978-3-89879-905-8

HILFE! Ich kaufe eine Immobilie

Horst Biallo

Experten oder Ahnungslose: Das sind die beiden Arten von Ratgebern, mit denen es Hilfesuchende bei der Baufinanzierung meist zu tun bekommen. Die einen überschütten den Ratsuchenden mit ellenlangen und komplizierten Ausführungen zu Forward-Darlehen, Tilgungssätzen und Grunderwerbsteuersätzen, die anderen erklären nur viel Halbrichtiges.

Dabei hat der Bau- oder Kaufwillige gerade alle Hände mit seinem neuen Heim zu tun. Wie kann er sich aus dem Wust an Informationen das heraussuchen, was wirklich wichtig ist?

»HILFE! Ich erbe« bietet die wichtigsten Fragen und Antworten – und nur die. Mit den Fakten, die wirklich entscheidend sind.

112 Seiten | Softcover | 8,99 € (D) | ISBN 978-3-89879-907-2